P9-CBQ-165

Lanza tu propia empresa con éxito

SP 658.11 SMI
Smith, Jon, 1975-
Lanza tu propia empresa con éxito :
técnicas para gestionar con talento
el proyecto de tus sueños *l*

**PALM BEACH COUNTY
LIBRARY SYSTEM**
3650 Summit Boulevard
West Palm Beach, FL 33406-4198

52 ideasbrillantes

una buena idea puede cambiar tu vida...

Lanza tu propia empresa con éxito

Técnicas para gestionar con talento
el proyecto de tus sueños

Jon Smith

Colección: Ideas brillantes
www.52ideasbrillantes.com

Título original: Smarter business start-ups
Autora: Jon Smith
Traducción: Lourdes Silveira Lanot para Grupo ROS

Edición original en lengua inglesa:
   © The Infinite Ideas Company Limited, 2005
Edición española:
   © 2005 Ediciones Nowtilus, S.L.
   Doña Juana I de Castilla 44, 3° C, 28027 - Madrid

Editor: Santos Rodríguez
Responsable editorial: Teresa Escarpenter

Coordinación editorial: Alejandra Suárez Sánchez de León (Grupo ROS)
Realización de cubiertas: Jorge Morgado (Grupo ROS)
Realización de interiores: Grupo ROS
Producción: Grupo ROS

Foto portada: Which came first? © Lucy Dickens
Foto contraportada: Obviously the egg! © Lucy Dickens
Diseño colección: Baseline Arts Ltd, Oxford

Reservados todos los derechos. El contenido de esta obra está protegido
por la Ley, que establece penas de prision y/o multas, además de las
correspondientes indemnizaciones por daños y perjuicios, para quienes
reprodujeren, plagiaren, distribuyeren o comunicaren públicamente, en
todo o en parte, una obra literaria, artística o científica, o su transforma-
ción, interpretación o ejecución artística fijada en cualquier tipo de
soporte o comunicada a través de cualquier medio, sin la preceptiva
autorización.

ISBN: 84-9763-197-8
Depósito legal: M. 34.636-2005
EAN: 978-8497631976
Fecha de edición: Septiembre 2005

Impreso en España
Imprime: Imprenta Fareso. Madrid.

Ideas brillantes

Notas brillantes

Cada capítulo de este libro está diseñado para proporcionarte una idea que te sirva de inspiración y que sea a la vez fácil de leer y de poner en práctica.

En cada uno de los capítulos encontrarás unas notas que te ayudarán a llegar al fondo de la cuestión:

- *Una buena idea...* Si esta idea te parece todo un revulsivo para tu vida, no hay tiempo que perder. Esta sección aborda una cuestión fundamental relacionada directamente con el tema de cada capítulo y te ayuda a profundizar en ella.

- *Otra idea más...* Inténtalo, aquí y ahora, y date la oportunidad de ver lo bien que te sienta.

- *La frase.* Palabras de sabiduría de los maestros y maestras en la materia y también de algunos que no lo son tanto.

- *¿Cuál es tu duda?* Si te ha ido bien desde el principio, intenta esconder tu sorpresa. Si por el contrario no es así, este es un apartado de preguntas y respuestas que señala problemas comunes y cómo superarlos.

Introducción

En mitad de la noche o durante una larga noche de copas ¡zas! Ahí está. Una idea que es tan brillante que los mirones necesitarán gafas de sol. Serás más rico de lo que nunca soñaste y el mundo será un sitio mucho mejor, gracias a ti.

Así que le mencionas la idea a uno o dos amigos, y lo más que probable que la apoyen. Es así de fácil hasta que, el primer palo, una pregunta, totalmente inofensiva, pero que no puedes responder. Tu idea no necesariamente tiene que tener lagunas (de momento no), sólo hay que darle vueltas a esa parte un poco más. Es hora de planificar el negocio debidamente. Montar un negocio es posiblemente una de las experiencias más emocionantes, estimulantes y reconfortantes al alcance del ser humano (excepto quizás ganar una fortuna en las quinielas). Pero no es fácil. Montar un negocio supone un gran riesgo para tus finanzas, tus amistades y posiblemente incluso para tu salud. Cada vez son más los negocios incipientes que no sobreviven más allá del primer año de funcionamiento, y para algunos el fracaso del negocio conduce a la bancarrota. Así que, con todo aparentemente en tu contra, ¿deberías dejarlo aquí?

No. Los negocios nuevos pueden tener muchísimo éxito. Como ocurre con todo, hay que utilizar los trucos del sector y asegurarse de que la idea resiste la gran posibilidad de tener éxito.

Lanza tu propia empresa con éxito quiere enseñarte a planificar de manera eficaz el negocio que quieres, ayudarte a mantener a raya a la competencia y tener a los directores de banco haciendo cola para prestarte el dinero. Bueno, quizás lo último no sea posible, pero aún así ¡no está mal para lo que te ha costado el libro!

La clave para tener éxito en los negocios es una planificación clara y sencilla desde el principio. ¿Qué necesidad tienes de seguir leyendo? Bien, paradójicamente conseguir que las cosas se mantengan claras y sencillas es de hecho bastante difícil y suele estar cargado de problemas.

¿Cómo pueden superarse estas dificultades y problemas leyendo un solo libro? Muy sencillo: dirigiéndose al público objetivo directamente, de una forma lógica y ordenada y en un lenguaje apropiado para la tarea que tienes entre manos. En una palabra: claridad, diseñada a medida para el empresario, lo que requiere sólo el número de palabras que sean necesarias para tratar cada asunto, y ni una más.

Entonces, ¿por qué no hay ejemplos directos que nos enseñen cómo convertir una simple idea en un éxito multinacional? Bueno, a menos que seas de la misma compañía, vendiendo exactamente los mismos productos o servicios a la misma vez, la planificación de otra persona no servirá para ti. Cada una de las 52 ideas brillantes contenidas en este libro será importante para ti, de diferentes maneras y en diferentes grados. Tú tienes tu idea de negocio en el mercado de hoy y ellos tuvieron la suya. Tus oportunidades serán diferentes y puedes dirigirte a la misma base de consumidores o puede que no.

A todo el mundo se le ocurre la idea de montar un negocio alguna vez en la vida: para muchos es un sueño imposible, pero para unos cuantos valientes es la semilla de un plan que dará fruto. Montar un negocio y conseguir que sea un éxito está relacionado con saber qué necesitas hacer para maximizar tus posibilidades de sobrevivir y para obtener beneficios, en un mercado saturado de antemano. Todos tenemos ideas propias de cómo deberían funcionar las cosas, de cómo deberían dirigirse y de cuánto deberían costar, y no importa cual sea tu idea empresarial, sigue habiendo procesos que hay que seguir, documentos que se necesitan escribir e investigación que realizar antes de emprender un negocio. Antes de embarcarte en cualquiera de los capítulos que contiene el libro, ¿puedes responder a estas preguntas? ¿Quién es tu mercado objetivo? ¿Dónde están? ¿Cuánto van a gastarse en tus productos o servicios? ¿Es fuerte la competencia? ¿Puedes conseguir los fondos necesarios? Y, lo más importante, ¿cómo reaccionarán el público y los consumidores ante tu negocio? ¿Cómo pueden encontrarte los consumidores? ¿Se ha hecho antes y ha fracasado? ¿Por qué quieres o necesitas montar un negocio? *Lanza tu propia empresa con éxito* da por sentado que no tienes experiencia previa; está escrito para ti, el emprendedor, para que hables con la gente que necesitas implicar en esta aventura de *lo que quieres* y, lo que es más importante, de *lo que no quieres*.

¿Cómo usar este libro? Pica de aquí y de allá o léetelo de principio a fin, realmente no importa. Las 52 ideas brillantes contenidas aquí son consejos probados que proporcionarán beneficios inmediatos para ti y para tu negocio si los sigues. Si tu presupuesto es modesto, con sólo llevar a cabo un puñado de ideas mejorará tu idea y te ayudará a conseguir tus ambiciones y las ambiciones de tu negocio. Emplea las 52 y estarás en condiciones de contemplar un comodísimo retiro en los próximos dieciocho meses. No, espera, quiero decir que estarás en un posición mucho más firme para hacer progresar tu idea y convertir tus sueños en realidad.

1

¿Qué nombre le ponemos?

Decidir el nombre de un negocio es como ponerle nombre a un niño. Este negocio es como tu hijo y quieres ayudarle a crecer y madurar en los años venideros.

Ponerle nombre al negocio puede implicar horas de agonía antes de alcanzar una decisión definitiva. Diviértete al escoger el nombre para tu negocio, pero asegúrate de que puedes decírselo a tus amigos sin echarte a reír.

¿Que por qué tanto jaleo? Elegir un mal nombre para una compañía no te beneficia en absoluto a la hora de promocionar el negocio. Un nombre difícil de pronunciar para el público (o lo que es peor, para los miembros del personal) puede resultar un poco embarazoso si tienes que estar corrigiéndoles toda la vida. Un nombre que evoque imágenes de un producto o un servicio completamente diferente puede simplemente causar confusión. A menos que el nombre del negocio te fuera revelado en un sueño profético junto con todo el plan empresarial, es una decisión que hay que tomar con cuidado y que debe implicar al mayor número de personas posible. Recuerda que tu familia y amigos también son consumidores y serán muy sinceros a la hora de decirte lo que piensan de tus posibles nombres.

Una buena idea...

Selecciona diez nombres para tu negocio. Ahora pídele a todo el que puedas que ordene los nombres de la lista según sus preferencias. ¿Hay alguno que sobresalga como favorito? Deberías ver que se va formando una pauta, y si tus encuestados están dispuestos a aclararte la razón de su elección, entonces podrás comprender mejor por qué tu propia elección es magnífica o un absoluto desastre. No olvides que los nombres son increíblemente subjetivos y que tú, el dueño del negocio, tienes la última palabra sobre qué nombre escoger..., pero escucha a tus posibles clientes.

Durante el proceso de toma de decisiones, debes asegurarte de que buscas los nombres que estás barajando en el registro nacional (en España puedes hacerlo en la página web del Registro Mercantil Central: www.rec.es) para comprobar si otra compañía posee ese nombre o está ya operando con él. Ten en cuenta que, dependiendo del país, puedes operar con un nombre que se haya usado en el pasado, siempre y cuando esa compañía esté actualmente disuelta. Si ésta es la ruta que deseas seguir y ningún otro nombre te convence, intenta averiguar lo más que puedas sobre la compañía disuelta: lo último que querrías hacer es «importar» mala voluntad o prensa negativa de esa compañía a la tuya. Por ejemplo, no sería muy inteligente lanzar una tienda de modas virtual llamada Boo.com después de la sonada caída de una tienda de modas puntocom con ese nombre.

Algo empieza a moverse en el mismo momento en que decides el nombre de tu negocio. Independientemente de que tardes horas, días o meses de deliberación, cuando los jueces den su veredicto final tendrás un hogar. Ahora podrás referirte a tu negocio por su nombre de pila en lugar de decir «vamos a vender esto y esto en una cadena de tiendas por el país». Esto ayuda inmediatamente a crear una marca y una conciencia de marca. Cada vez que le hables a alguien de tu negocio, estarás reforzando el nombre, y ellos, a su vez, se lo dirán a otros.

Ponerle nombre a un negocio es el primer paso para crear una marca. Para saber más sobre marcas consulta la IDEA 2, _Grande, atrevido y algo descarado_.

Otra idea más...

«Condensa una experiencia diaria en un símbolo luminoso y la audiencia quedará electrizada».
RALPH WALDO EMERSON

La frase

«Hacemos lo que debemos y lo llamamos por los mejores nombres».
RALPH WALDO EMERSON

La frase

¿Cuál
es tu
duda?

P **Los otros directivos quieren usar una referencia clásica como nuestra razón social. Es deliberadamente oscuro, pero la reacción consiguiente es que a todo al que le preguntamos por su opinión responde, «¿qué significa eso?». ¿Funcionará?**

R *Un nombre oscuro no tiene por qué ser malo, sobre todo si se recuerda bien. Dudo mucho que mucha gente sepa que «Nike» significa «victoria» en griego, pero mira la fuerza que ha conseguido el nombre y la compañía. Un buen nombre se convierte en negocio e incluso en una marca por derecho propio. Si te gusta el nombre, adelante. Otra compañía de deportes, Adidas, recibió su nombre por su fundador alemán, Adi Dassler.*

P **Hemos reducido diez nombres posibles a dos, pero no somos capaces de decidir cuál es mejor. Los dos resultan igualmente atractivos y condensan la idea de nuestra empresa perfectamente. ¿Qué podemos hacer para inclinar la balanza?**

R *Puede suceder que varios nombres resulten perfectos para el negocio. Sin embargo, tendrás que elegir entre uno de ellos; si meter los nombres en un sombrero y sacar uno no te parece lo bastante profesional, investiga un poco más y diseña un logo ficticio para cada nombre. Ver las marcas de facto te ayudará a decidir rápidamente cuál es el ganador. Las grandes compañías a menudo entrevistan a «grupos muy determinados» de consumidores para obtener una visión más clara de cómo se perciben las marcas y los nombres. Puedes probar esto con un grupo de amigos sin gastarte un céntimo.*

2

Grande, atrevido y algo descarado

La creación de un logo y de un nombre están íntimamente conectadas y las decisiones deben tomarse a la vez. Recuerda que el nombre y el logo de tu empresa serán la marca de la casa.

En un mundo tan preocupado por la imagen como el actual, elegir una buena marca cobra su máxima importancia. Si consigues causar sensación puedes muy bien estar camino del éxito.

Un consejo importante: evitar a toda costa un logo que se asemeje en lo más mínimo a los genitales masculinos; es sorprendente lo fácil que resulta hacerlo sin querer, ¡y no te conseguirá muchos clientes!

Siempre hay prisa a la hora de fundar una empresa, normalmente porque ya ha habido un desembolso financiero y necesitas llegar al mercado lo antes posible para recuperarte, o porque temes que otra persona esté a punto de abrir un negocio similar. Sea como fuere, sencillamente no puedes precipitarte en la creación de tu logo.

Una buena idea... **Pasea por cualquier calle comercial y toma buena nota de las marcas de diez negocios. ¿Qué estilo han elegido para sus logos? ¿Qué imagen proyecta el logo? Puede que tu negocio nunca necesite aparecer en una calle de éstas, pero imagina que al final tu marca resulta tan poderosa y reconocible para el espectador casual.**

No te dejes tentar para utilizar uno de los logos prediseñados (libres de copyright) que se pueden encontrar en las aplicaciones de diseño por ordenador. Aunque se suponga que es sólo una medida temporal, la gente que vea este logo puede reconocerlo como una creación no propia; y aunque no sea así, probablemente pensarán que resulta un poco hortera.

No olvides que la gente que irás conociendo durante la creación de tu negocio serán personas o compañías con las que esperas tener una relación a largo plazo, como proveedores, clientes, abogados, contables, inversores y el banco. De toda la gente con la que vas a tratar, ésta debería ser la más importante en lo concerniente a crear la impresión adecuada. No te vendas mal tan pronto. Gástate el dinero y haz que un diseñador cree tu logo; puede que no sean muy baratos, pero los buenos diseñadores valen su peso en oro.

NO SEAS TÍMIDO

Cuando le estés dando vueltas a un diseño o te vayas a reunir con un diseñador, es importante no poner demasiadas restricciones. Aunque puedas tener una idea muy clara del aspecto que deseas para tu marca e incluso de los colores o la fuente que usar, deja claro que estás dispuesto a ver cualquier otra idea que el diseñador pueda tener. Los resultados pueden ser extraños, excitantes, preocupantes y a veces divertidos, pero lo que este ejercicio demuestra es cómo las marcas despiertan reacciones poderosas en la gente. Utiliza grupos de posibles clientes y estudios de mercado informales para ver qué opina la gente de tu logo. Cuanta más gente

La frase *«No renunciéis, por un fracaso, al propósito que resolvisteis efectuar».*
WILLIAM SHAKESPEARE

consigas que comente los diseños de tu logo, mejor. Pronto será evidente cuál funcionará mejor para proyectar la imagen que deseas.

FLIRTEANDO CON LOS MEDIOS

Otra consideración a tener en cuenta cuando diseñes el logo es si es apropiado para todos los medios de comunicación. Aunque tu intención no sea tener una página web para el negocio, aún así deberías descubrir qué aspecto tendría tu logo en primer plano en un sitio web. ¿Quedaría bien el logo en una pantalla de televisión o en una enorme valla publicitaria en una gran ciudad? Si tu personal va a llevar uniforme, o si planeas hacer camisetas de la compañía ¿se puede transferir el logo a la ropa? ¿Da buena imagen cuando es muy grande o muy pequeño? Pídele a tu diseñador que trabaje con variedad de colores y también que cree una versión usando sólo negro y otro único color. A veces los colores simples funcionan mejor, y si usas un arco iris de colores en tu logo saldrá mucho más caro reproducirlo. Papel con membrete, tarjetas de visita y octavillas de propaganda a todo color son considerablemente más caros que una versión en dos colores. Pero no pierdas de vista el objetivo principal: estás creando una marca que quieres que sea impactante, fácilmente reconocible y con el potencial de convertirse en sinónimo de tu negocio. Si cuesta un poco más reproducir ese rótulo sobre la puerta sencillamente porque quieres que sea azul aguamarina, pues que así sea.

El logo será una de las primeras decisiones sobre la marca que tomarás. Para saber más consulta la IDEA 9, *Con una manita de pintura...*

Otra idea más...

«*No hay nada peor que una imagen nítida de un concepto borroso*».
ANSEL ADAMS

La frase

¿Cuál
es tu
duda?

P   **Las tiendas de las calles comerciales están de cara al cliente, pero nuestro negocio va a ser una solución B2B (comercio entre empresas) y los valores que necesitamos proyectar son completamente diferentes. ¿Verdad que no tendremos que recurrir a las marcas de bienes de consumo para coger ideas?**

R   *Ya sean tus clientes miembros del público general o empresas, lo que quieren ver es lo mismo: un logo bien pensado y que proyecte experiencia, conocimiento y calidad. Necesitas que tus clientes sientan que tu compañía es una empresa en la que se puede confiar. No hay nada peor que un logo mal diseñado que te haga parecer un cowboy, excepto quizás uno que insinúe que tus productos van a ser enormemente caros. Tu marca y tu logo deben reflejar el enfoque de mercado con el que te identifiques: si estás compitiendo en cuanto a precio, digamos, o estás ofreciendo un servicio de alta calidad a medida, esto debe quedar implícito en los diseños que crees.*

P   **Parece que mis socios y yo no podemos llegar a un acuerdo sobre los diseños y estoy intentando reducirlos a un grupo de dos o tres. ¿Hay algo que deba evitarse totalmente?**

R   *No es buena idea tener un logo que se parezca a otro que ya exista. No engañará a los consumidores y te hará parecer poco honrado, sobre todo si la otra compañía es conocida mundialmente. En el despiadado mundo de los productos de alimentación hay intentos ocasionales de imitar una marca o un envase con la esperanza de que los clientes compren el producto por error, pensando que se trata de la marca famosa. Normalmente eso trae como consecuencias pleitos millonarios.*

3

Suplicar, pedir y robar

Si estás buscando capital de fuentes externas no basta con mostrar pasión por la idea; hay que tener un plan empresarial y ofrecer a los inversores buenas perspectivas de beneficios.

Es cierto que se pierde cierto grado de control invitando a otros a participar en la financiación de tu negocio, pero a menudo sucede que no habrá negocio sin su ayuda. Los inversores pueden aportar destrezas útiles junto con su dinero.

El capital de inversión construirá o tu negocio (o evitará su nacimiento). Echa mano de la mayor cantidad posible, incluso si eso implica contar unas cuantas mentiras piadosas.

Cuando tienes una gran idea de negocio, suele ser bastante difícil entender por qué todo el mundo está encantado de hablar contigo del tema hasta que mencionas que necesitas financiación. De repente se hace un silencio sepulcral y la gente se disculpa y se va.

La situación perfecta sería que abrieras el negocio con capital propio que tuvieras por ahí en una cuenta de ahorros, pero las probabilidades de disponer de ese dinero son muy escasas. Puede que tengas que vender activos o bienes para reunir efectivo, o puede que tengas que pedirlo prestado o buscar inversores de fuera.

Una buena idea...

Tómate tu tiempo para escoger la cuenta bancaria adecuada para tu negocio. Un error común es sencillamente acudir a tu banco personal. Las cuentas personales funcionan de manera muy distinta a las de negocios y se encarga de ellas personal diferente: así que tus veinte años de fidelidad pueden no verse recompensados. Escoge el banco que ofrecezca el mejor producto al mínimo coste.

Es importante que agotes tus propios medios de reunir efectivo antes de pedírselo a nadie. Cada céntimo cuenta porque cuanto más pidas prestado más tendrás que devolver, y más control sobre tu negocio perderás. Si puedes reducir la cantidad aunque sea en lo más mínimo te ayudará.

No te engañes a ti mismo pensando que si vendes el coche para sacar dinero siempre podrás comprarte otro una vez que la empresa empiece. Eso no sucederá, y te quedarás sin coche mucho, mucho tiempo. Sólo vende aquellos bienes de los que de verdad te puedas desprender. Mira a ver si puedes reunir capital vendiendo cosas propias que no uses, como viejos CD, DVD o muebles. Todos poseemos un montón de cosas que no utilizamos que está metida en cajas en nuestra casa, o lo que es peor, en la de los demás. Haz que estas cosas sirvan para algo y véndelas. Existen las rutas tradicionales como mercadillos de segunda mano o las revistas locales especializadas, pero con la proliferación de casas de subastas en Internet y el mercadillo virtual de Amazon puedes empezar a vender muy fácilmente.

No importa lo generosos que sean tu familia y tus amigos, se lo van a pensar mucho y bien antes de decidir si se implican o no. No se trata de falta de confianza en tus capacidades para montar un negocio y hacer que funcione, ni de una venganza por todas las veces que dejaste que tus amigos pagaran la cuenta del bar. Hay algo inherente en todos nosotros que nos hace recelar a la hora de invertir en proyectos de negocios. Las estadísticas lo confirman; un asombroso número de negocios que empiezan acaban fracasando.

Si quieren invertir, debes suministrarles la misma información que un prestamista profesional, como el banco, exigiría: un plan empresarial y algunas proyecciones financieras. En tu mente, trátales como prestamistas y diseña un plan de pagos realista a través de una domiciliación, para que ambas partes sepan cómo va a funcionar la relación. Y si además tu

Cuando aceptes financiación de un inversor, probablemente debas ceder algún control del negocio. Para saber más consulta la IDEA 26, *Capitular antes de empezar.*

Otra idea más...

prestamista quiere recuperar el capital y obtener ingresos de los beneficios, es aconsejable que un abogado formule esta relación de manera profesional: un pacto entre caballeros no es suficiente si las cosas se ponen un poco difíciles.

LA BANCA GANA

Los bancos son una manera segura de obtener dinero prestado. Aunque sus tipos de interés son muy altos, todo el mundo sabe a qué atenerse. El banco insistirá en que firmes impresos y, si el préstamo se pide a nombre de la compañía, te pedirán algún tipo de garantía (dependiendo de la cantidad), que podría ser tu casa o cualquier otro bien. Puede que también exijan que los socios se hagan cargo de los pagos del préstamo en el caso de que la empresa fracasara. Al hacerlo a través del banco, te pedirán que les proporciones el plan empresarial y los estados de cuentas más importantes antes de que se te entregue el dinero; así al menos tendrás un plan claro que puedes empezar a llevar a cabo en el momento que llegue el efectivo.

«Los telebancos se establecieron para que la mayoría de los coches pudieran ver a sus verdaderos dueños».
E. JOSEPH CROSSMAN, poeta

La frase

¿Cuál es tu duda?

P **He mirado en cuatro bancos diferentes y las comisiones son astronómicas. ¿Cuál debería escoger?**

R *Resulta muy sorprendente ver cuánto cuesta cobrar un cheque o telefonear al banco con alguna duda. El secreto está en mirar en qué tipo de comisiones es probable que incurras en tu primer año. Para los negocios nuevos yo sugeriría consultar aquellos bancos que ofrecen las mejores facilidades en caso de descubierto.*

P **¿De verdad que necesito la banca electrónica?**

R *Se puede vivir sin ella, pero descubrirás que gestionar tus finanzas y ver el balance por internet es una enorme ventaja para tu negocio. Comienza el proceso de solicitar un registro en línea inmediatamente ya que puede tardar semanas, si no meses, en completarse.*

P **Un amigo me ha dicho que es mejor a la larga pedir un préstamo que dar acciones del negocio a los inversores ¿Es eso verdad?**

R *Ese es un tema candente en finanza corporativa, e incluso las grandes compañías consideran todas las opciones cuando empiezan una nueva operación. Para nosotros los simples mortales, es una concesión entre los altos costes de pedir un préstamo, lo que puede matar un negocio, y ceder una gran parte de algo que puede llegar a valer mucho. Es por eso que usar tu propio dinero es la mejor solución: es más barato que pedirlo prestado y conservas el control.*

4

¿Quién lo quiere?

Para que un negocio funcione necesitas clientes. ¿Sabes quiénes van a ser tus clientes? ¿Estás seguro? ¿Cómo lo sabes?

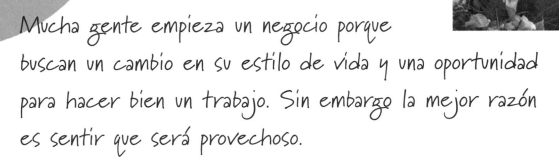

Mucha gente empieza un negocio porque buscan un cambio en su estilo de vida y una oportunidad para hacer bien un trabajo. Sin embargo la mejor razón es sentir que será provechoso.

Los clientes dan un poco de miedo y algunos puede que no sean el tipo de gente que te gustaría encontrarte en un callejón oscuro, pero necesitas explorar sus necesidades y comportamiento. Es importante decidir cuál es tu cliente estereotipo, tanto en tu mente como en cuanto a los propósitos de definir a tus clientes dentro de tu plan empresarial. Lo que escribas no quedará grabado en piedra (siempre habrá algún cliente que compre tus productos que no hubieras imaginado en tu vida, como octogenarios comprando ropa de deporte para correr un maratón, por ejemplo), pero la inmensa mayoría de tus clientes caerán en una categoría estándar. Una vez que esté definida, te encontrarás en una mejor posición para saber exactamente qué es lo que andas buscando, y, una vez que se ha inaugurado el negocio, cómo comercializarte mejor a ti y a tus productos de cara a ese grupo.

Una buena idea...

Identifica a tu cliente objetivo. Si puedes definirlo de manera precisa como, digamos, un cliente masculino con el bolsillo lleno de unos 16 a 32 años, estás en el buen camino. Ni te estarás acorralando ni auyentarás a los inversores ni a los consumidores por admitir esto.

A la hora de montar un negocio, Internet puede proporcionarte una ingente cantidad de información, que varía desde lo absolutamente inútil hasta lo altamente informativo. Usa Internet incansablemente para descubrir estadísticas y números para una mayor comprensión de quién está en la actualidad comprando los productos o servicios que te estás planteando ofrecer y quién es susceptible de querer consumirlos si es que les dejaras conocer tu existencia. Empieza con sitios del gobierno y grupos de consumidores que te pueden proporcionar datos demográficos, gastos medios, tendencias y pautas que se encuentran en el área comercial en la que estás planeando introducirte.

Ya sea que vayas a pedir un préstamo al banco o de otras fuentes, necesitarás una cuenta bancaria y por lo tanto tendrás que reunirte con un gerente de banca. Durante la reunión proporciónale la mayor información posible sobre tu negocio y tu público objetivo. Muchos bancos suministran hojas informativas sobre cómo montar negocios específicos (sobre todo en ciertas áreas de comercio al por menor y *catering*) si se las pides, lo que puede en ocasiones resultar útil.

La frase

«*Investigación básica es lo que hago cuando no sé lo que estoy haciendo*».
WERNHER VON BRAUN

Existen en el mercado informes de investigación de alto nivel (tienden a ser caros) que te proporcionarán ingentes cantidades de datos e información acerca de productos, industrias o tendencias de mercado específicas. Merece la pena averiguar lo que organizaciones como la analista de mercado Mintel pueden ofrecer en el área sobre la que te gustaría investigar; sus informes son costosos pero te quitan gran parte del duro trabajo de investigación.

Comprender a tus clientes potenciales también te ayudará a planificar los ingresos y tasas de aceptación potenciales que podrás esperar una vez que emprendas el negocio. Para saber más consulta la IDEA 6, *Nadie regala nada*.

Otra idea más...

Si no tienes mucha experiencia en los negocios puedes ser excesivamente optimista sobre la cantidad de clientes que puedes conseguir. Recuerda que la demanda es la que rige las ventas. En algunos negocios, como el alquiler de viviendas, es muy sencillo evaluar la demanda que hay para tu oferta estudiando el número de viviendas en alquiler en un área determinada. En otras, como el marketing de los productos de consumo, es mucho más difícil saber si los clientes van a comprar, sobre todo si esperas vender a través de los grandes canales de distribución que puede que no tengan presentes tus intereses. Asegúrate de que tienes pruebas concretas de que la gente va a comprar antes de lanzar un negocio. Una forma de hacerlo es intentar proyectos piloto a pequeña escala: un pequeño negocio que yo conozco probó con maneras diferentes de comercializar sus productos en pequeña escala y descubrió que sólo funcionaba uno de esos métodos. Este tipo de información puede ahorrarte una fortuna si lo descubres a tiempo.

«La investigación es el proceso de ir hasta el fondo de un callejón sin salida para ver si es verdad que no tiene salida».
MARSON BATES, escritor americano.

La frase

¿Cuál
es tu
duda?

P **Nuestro negocio es bastante específico y no podemos encontrar ningún dato de que se haya llevado a cabo ningún estudio anterior. Creemos que lo que ofrecemos es bastante único, y que tendremos que lanzarnos a ciegas. ¿Hacemos bien en pensar de ese modo?**

R *Ningún negocio es realmente único. Tu plan puede incluir aspectos únicos, pero fundamentalmente todos los negocios venden productos o servicios, no importa lo «fresca» que parezca tu propuesta. Incluso si el producto es completamente nuevo en el mercado y eres el único que lo vende, aún existen cosas que aprender de productos relacionados o del predecesor del producto. Nunca emprendas un negocio a ciegas.*

P **Estamos planeando montar una cafetería situada cerca de una estación de trenes con mucho movimiento. Nuestra clientela es evidente y será un rotundo éxito. La investigación consistirá simplemente en ponernos a la entrada de la estación de tren y ver el tropel de gente todos los días. ¿En qué puede fallar?**

R *Aunque pueda parecer una conclusión lógica el hecho de que el negocio va a funcionar en la ubicación que habéis escogido, ¿existen locales disponibles exactamente donde los necesitáis? ¿Qué pasa con la competencia? El hecho de que cientos, tal vez miles, de personas pasen por vuestro negocio a diario no os garantiza las ventas. Aún así necesitáis investigar quién comprará vuestro producto o servicio y calcular cuántos pasarán por delante.*

5

¿Cómo andas de cuentas?

Debes establecer cuántos clientes puedes esperar al día, al mes y al año, y cuánto va a gastar cada uno en tus productos y servicios.

Aunque nadie vaya a esperar de ti precisión absoluta, muy poca gente se deja engañar si lo que se le ofrece no tiene mucho sentido. Sacarse números de la manga permite completar las proyecciones rápidamente, pero los resultados no valdrán para nada.

¡Quítale el polvo a la calculadora y prepárate para la alegría de las hojas de estado de pérdidas y ganancias! En algunos aspectos puedes salir bien parado presentando cualquier cifra que se te ocurra para presentar tu plan empresarial, pero a la única persona a la que estarás engañando es a ti mismo. Nadie puede proyectar cifras con total precisión, pero es mejor adoptar una estimación aproximada, basada en los hechos y en la investigación que hayas llevado a cabo, que simplemente inventárselas.

Una buena idea...

Si tienes tres canales de venta, digamos un negocio de venta al por menor, comercio electrónico y venta por correo, revisa tus cifras de manera que el enfoque original se convierta en secundario y dependas ahora de alguna de las otras rutas (digamos, venta por correo en lugar de una tienda convencional). ¿En qué medida altera esto las proyecciones de ventas y los gastos por cliente?

Un gran error es ver la creación del plan empresarial y de los estados financieros como una tarea que tienes que llevar a cabo para el beneficio de otra persona. Básicamente los dos son documentos que necesitas crear para ti y revisar religiosamente; otras personas necesitarán verlas en algún momento, pero el destinatario último eres tú. Los mejores planes empresariales se consultan una y otra vez. Estos documentos deben convertirse en el *benchmark* (punto de referencia) por el cual te juzgas a ti mismo, no en carpetas abandonadas degradadas al tercer cajón de tu archivador. Te servirán de ancla para evitar que te vayas por la tangente y serán un estupendo indicador de si las cosas van tan bien como deberían ir.

Si resulta que las cifras que has proyectado resultan inasequibles según tu rendimiento real, entonces puedes alterar tus proyecciones futuras en consecuencia. Olvídate de la actitud de que tus ventas proyectadas son simples cifras que necesitas crear con el fin de asegurar tus finanzas y poner en movimiento tu proyecto. Son *tu* futuro y con cuanta mayor precisión puedas predecir tu futuro éxito más probabilidades tendrás de asegurar las finanzas que necesitas y de hacer de tu negocio un rotundo éxito.

Si existen los datos, entonces podrás determinar el tamaño del mercado a través de páginas webs o de estudios por encargo. Después, decide qué porcentaje del mercado pretendes controlar después de uno, dos y tres años de operaciones. Si conoces el valor de todo el mercado podrás calcular el valor de la proyección de tu cuota de mercado.

Es muy fácil, cuando se planifica un negocio, calcular cuánto vas a ganar, pero es igualmente importante en el juego de los números calcular cuánto vas a gastar para lograr ese negocio. Para saber más consulta la IDEA 6, *Nadie regala nada*.

Otra idea más...

Cuando crees tu hoja de cálculo podrás desglosar esas cifras según el número de clientes que necesites y el gasto medio por cliente. No será exacto, pero tendrás unas cifras iniciales que te indicarán hasta qué punto lo que pretendes es factible; se trata del número de clientes que esperas que te compren y cuánto se van a gastar.

Ahora ten en cuenta los factores que podrían afectar a tus planes: el tiempo que vas a tardar en mantener un ritmo: ¿qué pasaría si la competencia juega fuerte? ¿Qué pasaría si hay una depresión repentina en el mercado? ¿Cómo afectaría a tu línea concreta de negocio que los tipos de interés se disparan de repente y la confianza del cliente se viniera abajo? ¿Serías la primera o la última empresa en resentirse? Todas estas son preguntas válidas que debes tener en cuenta y no ignorar. Observa que has dado un paso adelante, te has alejado de conjeturas aproximadas para hacer que tu plan empresarial sea visualmente interesante y atractivo.

«*Todo progreso se basa en el innato deseo universal por parte de cualquier organismo de vivir por encima de sus ingresos*». SAMUEL BUTLER, escritor y crítico del siglo XIX.

La frase

¿Cuál
es tu
duda?

P   **Nuestro negocio se basa en reuniones con los clientes, lo que sencillamen-te no se puede replicar en la red o en las ventas por correo; en realidad sólo tenemos un canal de ventas. ¿Qué razón hay para invertir en la red y en publicidad?**

R   *Aunque el hecho de cerrar el trato pueda depender de un encuentro cara a cara, también hay oportunidades de mercado y promoción válidas que se pueden hacer a través de Internet y de venta por correo. En lugar de verlas como rutas directas para la venta en sí, considéralas actividades promocionales. ¿Qué pasaría si tú, o alguien ajeno a la empresa, fuerais a promocionar tus productos de diferentes formas y lográis aumentar los contactos? ¿Hay un sistema de comisiones que podrías idear en pago por sus esfuerzos? ¿Qué añadiría el negocio extra que aportan ellos a tu balance final? Como mínimo puedes usar tu sitio web como un catálogo actualizable de tus productos al que pueden acceder los clientes reales y potenciales.*

P   **Con el poco personal del que disponemos andaríamos demasiado apurados para emprender tres canales de ventas de manera eficaz. ¿Qué deberíamos contemplar primero: la venta por correo o una página web?**

R   *Dirígete a Internet primero, sobre todo porque te va a costar mucho menos hacer que una pagina web funcione bien, ya que la información puede alte-rarse de manera mucho más sencilla y porque puedes seguir construyendo páginas adicionales cuando tus recursos te lo permitan.*

6

Nadie regala nada

Si gastas más de lo que tienes antes del lanzamiento de tu negocio, te estás condenando al desastre.

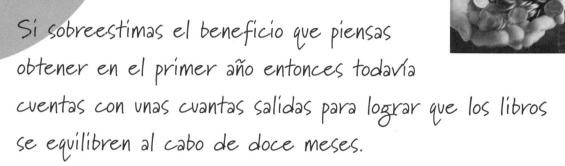

Si sobreestimas el beneficio que piensas obtener en el primer año entonces todavía cuentas con unas cuantas salidas para lograr que los libros se equilibren al cabo de doce meses.

Los negocios que tienen más éxito son aquellos que planifican los gastos hasta el último céntimo y se atienen a ello. Atenerse a un presupuesto es tan difícil como atenerse a una dieta; pero para dirigir un negocio rentable debes evitar comerte todos los dulces antes de que se sirva el desayuno. Subestimarás enormemente lo que cuesta comprar incluso las cosas más básicas; arrastrado por el deseo, de tanto en cuanto, de salirte del presupuesto para comprar una o dos cosas que crees que debes tener para que tu negocio sea un éxito rotundo. Y luego están las cosas con las que accidentalmente no habías contado y vienen como adquisiciones de emergencia semanas o días antes de la apertura. Júntalas todas y probablemente te irás de un 5 a un 20 % por encima del presupuesto. ¡Y eso *con* una buena planificación!

Una buena idea...

Intenta ahorrar en los costes secundarios que implica tu local. Ahorrar un mínimo porcentaje en la factura de la electricidad y el teléfono supondrá una gran diferencia en tus gastos y, por consiguiente, en tu balance. Hay miles de proveedores ahí fuera, desesperados por tener clientes, así que negocia con firmeza y no te olvides que ellos son los que necesitan venderte sus productos.

Es tentador maquillar las cifras de ventas para apaciguar a los inversores y a tu propio ego, pero intentar convencer a los demás de que tu idea es la mejor desde el pan de molde es absurdo si estás calculando mal tu presupuesto, ya que vas camino del fracaso absoluto. No te olvides de que si algo sale mal, le seguirás debiendo a los inversores y a ellos no les va a importar qué salió mal: sólo querrán su dinero. Cuando planifiques tus gastos hazlo pensando en tu propio beneficio e incluye absolutamente todo.

Los gastos de nómina siempre serán tu mayor desembolso, seguido muy de cerca por las existencias, aunque si eres proveedor de servicios y no de productos, entonces tendrás un poco más de espacio de maniobra. Aunque incluir estos costes en tus proyecciones es absolutamente esencial, asegúrate de que añades los otros gastos a los que se enfrenta cualquier negocio, y encuentra las cifras exactas, nunca te fíes de una estimación aproximada. Los costes sorpresa que empiezan a hacer un agujero en tus finanzas suelen ser los costes secundarios. Calcula cuánta electricidad vas a usar tanto cuando estés trabajando en el local como cuando el lugar esté inactivo. El papel y la tinta suponen un coste enorme para los negocios pequeños; ya sea para copiar, imprimir o escanear, todo se va sumando. El correo debe tenerse también muy en cuenta no importa el tipo de negocio que estés planeando abrir, y después está el «susto» que supone tener conexión a internet, agua, teléfono, impuestos municipales y maquinaria: todos asoman su fea cara.

Incluso las facturas grandes no están grabadas en piedra. Sean cuales sean los salarios que estás pensando pagar añádele un porcentaje de alrededor de un 15% para cubrir los costes de retención fiscal y contribuciones a la seguridad social. En España, ese porcentaje ronda el 38'5 por ciento. En otros países es inferior, pero a cambio tienen los gastos de un seguro médico, el pago de un club social o cualquier extra que negocies para tu personal. Cuanto más preciso seas en los gastos reales en los que incurrirá tu negocio, más precisas serán tus proyecciones. Estas facturas son constantes y se extienden de manera homogénea durante todo el año. Incluso si el negocio que estás montando es estacional debes dejar lo suficiente, y presupuestarlo, para cubrir los gastos fijos mensuales sin que dependan de tus propios resultados de ventas.

Que nos salgan bien las cuentas, o al menos según lo previsto, es bastante difícil, pero no sirve de nada a menos que los resultados se presenten de una manera sensata y eficaz. Para saber más consulta la IDEA 8, *Los números cantan*.

Otra idea más...

«*Ingreso anual 20 libras, gasto anual 19 libras, 19 chelines y 6 peniques: felicidad; ingreso anual 20 libras, gasto anual 20 libras y 6 peniques: miseria*».
CHARLES DICKENS

La frase

¿Cuál es tu duda?

P   **Todos los proveedores nos ofrecen más o menos las mismas condiciones para los servicios que solicitamos. Teniendo en cuenta que la Compañía X ya está abasteciendo al local, parece lógico que la conservemos. ¿Hacemos bien en dejar las cosas como están?**

R   *Quizás sean los mejores proveedores para tu negocio, y los últimos ocupantes ya se ocuparon de comparar precios. Pero no te olvides de que estamos en un mundo competitivo y los consumidores informados tienen el poder en sus manos. Explícale al actual proveedor que te encantaría que continuara suministrándote sus servicios, pero que realmente necesitas ver en qué va a beneficiarte; te sorprenderás con las ofertas especiales que el agente de ventas recuerda de repente. No te olvides de que tú eres el cliente y nadie va a tomarte el pelo.*

P   **Queremos planificar tres años por adelantado pero nos está pareciendo difícil estimar los gastos con tanta antelación. ¿Deberíamos simplemente inventarnos los números?**

R   *Tres años no es tanto tiempo. Aunque el desembolso de capital no será tan alto como en el primer año, tendrás que calcular si vas a aumentar la plantilla y la subida de los gastos fijos como la energía, el teléfono, el correo y la propaganda. Dedica tanto tiempo trabajando en el cálculo de tus gastos de dentro de tres años como dedicaste al primero. No conjetures.*

7

Encuéntrale un buen sitio

Ubicación, ubicación, ubicación... **no hay nada más cierto en lo que se refiere a negocios al por menor; pero la ubicación no tiene tanta importancia si lo que vas a montar no es un negocio minorista.**

Te vas a pasar un montón de tiempo en tu nuevo local. Olvídate de las persianas de fantasía y de la iluminación funky: ¿cómo son las instalaciones del baño y la cocina?

Los negocios al por menor dependen completamente de que te asegures que tienen una buena ubicación y estén en un lugar de paso constante de clientes. No hay opción y cualquier transigencia en lo referente a la ubicación más apropiada afectará de manera drástica a las ventas y en consecuencia al éxito del negocio. Debido a que los precios de los alquileres de locales están relacionados con la zona de paso de un área, la tentación es buscar el local más barato (y quizás más grande) y esperar que la publicidad, el boca a boca y la reputación atraiga a los clientes. Eso sencillamente no sucede. Estarás predicando en el desierto y te gastarás una fortuna inútilmente. Si quieres que tu negocio sea un éxito al menos date la oportunidad de luchar.

Una buena idea...

Asumiendo que haya buenas comunicaciones en la vecindad, extiende tu búsqueda de un local adecuado hasta un radio de 40 Km de la ubicación ideal. La diferencia en el precio, tamaño y aspecto de un lugar cambia tremendamente con unos parámetros más amplios. A todos nos gustaría trabajar en un entorno agradable y aireado, aunque esto añada diez minutos al trayecto.

EL TAMAÑO IMPORTA

Dicen que no, pero sí. Cuando te estés planteando cuánto espacio necesitas alquilar o comprar, necesitas contemplar tres marcos hipotéticos: el espacio que te hace falta para establecerte y poner en marcha el negocio; el espacio que te hará falta si tu crecimiento está en línea con tu plan empresarial; y el espacio que necesitarás si el negocio no va tan boyante como habías esperado. La mayoría de los contratos de alquiler serán para más tiempo del que a ti te gustaría. Es imperativo que te permita o romper el contrato (probablemente con algún tipo de penalización económica) o que te permita subarrendar. Lo peor que puede pasarte es que te veas forzado a quedarte en un local que sea demasiado pequeño o demasiado grande para tus propósitos, y verte obligado a estar pagando para mantener dos locales.

Aunque cada negocio es único y va a tener exigencias de espacio concretas para sus necesidades concretas, el truco está en prever algún crecimiento, pero sin excederse. En el caso de locales comerciales, es esencial asegurarse de que hay al menos espacio para las mercancías fuera del área abierta al público, sobre todo para hacer frente a las necesidades de la temporada. Para naves industriales u oficinas busca un local que tenga un área adecuada para celebrar reuniones o conversaciones privadas: no el suelo de la tienda o el despacho de alguien.

PROYECTA UNA IMAGEN

Si el negocio que vas a montar no implica que vengan clientes a tu local no te sientas tentado de comprar o alquilar un local caro y bonito: será malgastar tu dinero. Realmente no hay nadie a quien impresionar y le sacarás más partido a tu dinero si la ubicación está alejada de un lugar de paso. Obviamente, si tu intención es que el público entre en el local entonces la imagen del edificio puede ser tan importante como el aspecto que consigas dentro, pero no te dejes llevar demasiado por el entusiasmo, ya que un local ostentoso puede ponerse en tu contra, sobre todo si los inversores van a ver qué tal te manejas con tu (y potencialmente su) dinero.

El precio de alquiler o el precio de venta es sólo uno de los muchos gastos asociados con la adquisición de un local para tu negocio. Además de los impuestos municipales, averigua cuánto te van a cobrar por la comunidad de vecinos o por mantenimiento del polígono industrial, si tienes que pagar por el servicio de recogida de basura, tu responsabilidad por el mantenimiento del edificio y si están disponibles los servicios que necesitas para funcionar (como banda ancha y seguridad). El seguro puede ser un gasto grande si el local tiene un historial de robos o si los negocios que rodean a tu local pueden afectar a tu propia seguridad.

Otra idea más...

Una vez que hayas localizado el local, habrá mucho que hacer antes de que realmente empieces a vender y a mostrarte al mundo exterior. Para saber más consulta la IDEA 9, *Con una manita de pintura...*

La frase

«Cuanto más alto el edificio, más baja la moral».
JOHN M. FORD, escritor americano.

27

¿Cuál
es tu
duda?

P **Estamos montando una empresa de diseño y la ubicación es importante, pero todo lo que podemos encontrar son locales diminutos que harán que estemos muy estrechos. Si nos vamos a otra zona, puede que tengamos más espacio, pero posiblemente ningún cliente. ¿Hacia qué tipo de propiedad debemos dirigirnos?**

R *La ubicación es importante en industrias como el diseño, pero siempre es mejor tener un local adecuado en el que puedas trabajar eficazmente que uno que sea demasiado pequeño, tremendamente bonito, pero nada práctico. Elige el local más grande, menos de moda y utiliza los mejores recursos para crear obras maestras del diseño que te traigan clientes, no unos ladrillos bonitos cerca del puerto.*

P **Estamos calculando un mes aproximadamente para encontrar un local adecuado y otro mes para tener todo listo para la apertura. ¿Es realista?**

R *¡No! Puede llevaros meses organizar el contrato de arriendo y más tener el local listo para las necesidades del negocio. Concédete el mayor tiempo posible y calcula unos tres meses desde la primera vez que ves un local hasta el momento en que recibes las llaves. Instalarse puede llevar incluso más tiempo, sobre todo en los negocios al pormenor. Ahorra tiempo investigando y presupuestando el proceso de instalación antes de firmar el contrato. Busca gangas, los buenos muebles de oficina de segunda mano pueden ahorrarte una fortuna.*

8

Los números cantan

Mucha gente le tiene miedo a los números o le parece que trabajar con ellos es una tarea insoportable, pero trabajar de manera eficiente con hojas de cálculo te demostrará a ti, y a los demás, si el negocio es viable.

Estos documentos financieros pueden ser una visión profética de tu futuro económico; cuando termines el trabajo duro cada mes, las cifras que has logrado bajo el epígrafe «salario» serán tu recompensa.

Cuando crees la hoja de cálculo de tus finanzas, es importante que te prepares para cualquier eventualidad que puedas prever para los próximos tres años. Aunque tu negocio sea en una oficina o en una tienda y estés pensando en trabajar con una página web como negocio suplementario, puede pasar que esa venta electrónica sea tu principal ruta al mercado en un año y medio. Crea una fila para todos y cada uno de los canales de venta, incluso aunque las ventas sean cero el primer año. Incluye todo: los tipos de interés del banco para los préstamos y los descubiertos. Incluso si estás autofinanciando el negocio en la apertura, puede que necesites un préstamo del banco en el futuro y es mucho más sencillo alterar el tipo de interés y asentar una cantidad que vas a pagar todos los meses que crear una hoja de cálculo nueva.

Una buena idea...

Crea una hoja de cálculo que presente los siguientes datos en forma de gráfico:

- **Proyecciones de ventas para el próximo año**
- **Proyecciones de ventas para los próximos tres años**
- **Gastos desde la apertura**
- **Balance bancario mensual para el próximo año**

Esto debería demostrar lo fácil que es producir buenos datos visuales y dejar claro dónde deberías estar en un año.

DESGLÓSALO

Al tiempo que te preparas para cualquier eventualidad previsible, es una práctica recomendable ser lo más específico posible con tus proyecciones financieras. Si vas a montar un salón de peluquería y piensas contratar estilistas con experiencia y aprendices, habrá diferencias en las tarifas que se les cobre a los clientes y diferencias en el coste de las ventas. Si tienes todas las cifras de ventas en una misma fila será difícil analizar los beneficios. Es mejor crear una fila para cada tipo de venta. Si bien la cantidad cobrada al usar estilistas va a ser mayor, también lo será el «coste» de dicho servicio para ti (su salario o comisión). Las aprendices no podrán cobrar tanto por su trabajo, pero igualmente tampoco tendrás que pagarles tanto, lo que supone más beneficio para el negocio; así que puede resultar más beneficioso para el balance final que emplees una estilista y tres aprendices que al contrario. Cuanta más información puedas presentar sobre tus planes financieros, mejor podrás entender la visión de conjunto.

La frase

«Es responsabilidad del emisor asegurarse de que el receptor comprende el mensaje»
JOSEPH BATTEN, gurú de los negocios.

CON DIBUJOS BONITOS

Presentar los datos puede hacerse sencillamente imprimiendo una copia de la hoja de cálculo; pero a muy pocos les gustará este documento (a excepción de quizás a un contable).

Una vez que hayas introducido los números usa el software para crear una versión más fácil de entender y extractos de los datos. Los gráficos ayudan a los lectores a visualizar el negocio y comprender los datos más fácilmente que mirando una enorme hoja de cálculo. Aunque el que la vea pueda necesitar que te remitas al documento fuente, el mensaje que deseas enviar se comprenderá mejor y más rápidamente con un gráfico. Del mismo modo, en el plan empresarial deberías resumir los datos con sencillas exposiciones de hechos e intenciones de una sola línea, por ejemplo, «con una inversión de 47.000 pretendemos crear un negocio que facture 390.000 con un beneficio neto de 61.000 en nuestro primer año de operaciones».

Cuando se presentan datos es importante enseñar cuándo el efectivo entra y sale en el negocio. Si la factura de alquiler es de 12.000 al año, muestra en la hoja exactamente el momento en que se necesita el dinero mes a mes, sin olvidar las posibles retenciones o impuestos. Saber manejar el flujo de caja será la clave para que tu negocio sea un éxito. Descubre cuáles son los términos de las ofertas de tus proveedores, y siempre trata de negociar términos más favorables. Los proveedores con frecuencia recelan de los negocios nuevos, y hacen bien, pues muchos cierran dejando grandes deudas impagadas. No importa lo bueno que seas negociando, algunos proveedores te van a exigir un año de buenas relaciones antes de concederte términos más generosos, o que el valor de los pedidos supere cierta cantidad. El objetivo a largo plazo es que tu negocio venda productos o servicios a tus clientes, y que cobres antes de tener que pagar a los proveedores.

Para enfrentarse de verdad con la presentación de los datos financieros debes entender la mejor forma de gestionar el flujo de caja de tu negocio. Para saber más consulta la IDEA 32, *Robar a Pedro (para pagar a Juan)*.

Otra idea más...

«Es muy triste que hoy en día haya tan poca información inútil». OSCAR WILDE

La frase

¿Cuál es tu duda?

P **Nuestras ventas van a provenir de contratos de clientes por diseños arqui-tectónicos; las cantidades van a fluctuar descontroladamente dependiendo del tamaño del trabajo. Estas cifras no hacen que los gráficos sean especialmente halagüeños, así que, ¿qué debería hacer?**

R *Se pueden hacer muchas cosas con los gráficos para mejorar su aspecto y forma. Lo que este ejercicio está intentando enseñar, no importa el tipo de negocio que emprendas, es que las ventas necesitan ser más elevadas que los gastos, incluso si el ingreso que recibes varía de forma descontrolada de un mes a otro. Pero si sobre el papel no esperas que el negocio gane más dinero del que gasta, tienes un serio problema que ningún gráfico podrá resolver.*

P **Nuestras proyecciones demuestran que vamos a tener déficit en el primer año, alcanzar el punto de equilibrio en el segundo y obtener beneficio en el tercero. ¿Va a dificultar esto nuestros planes para obtener un préstamo?**

R *Esa pauta es muy común y ningún prestamista se va a sorprender de ver un déficit en el primer año. Si el negocio es sostenible y la rentabilidad es posible al tercer año, no creo que tengas mucho problema en obtener un préstamo, aunque probablemente tengas que ofrecer algún tipo de aval. Los buenos negocios pueden quedarse sin efectivo antes de obtener rentabilidad, mientras que los malos negocios fingen que la rentabilidad siempre está a la vuelta de la esquina mientras siguen gastando dinero como si se fuera a acabar el mundo. La tarea de los prestamistas y los inversores es evaluar si tus proyecciones son realistas.*

9

Con una manita de pintura...

La imagen lo es todo, o eso nos han hecho creer los medios de comunicación. Hay muy pocas tiendas o despachos aún en funcionamiento que no inviertan, de una manera o de otra, en una buena presentación.

Más vale pecar de prudente cuando elijas el estilo con el que te vas a presentar: la madera natural siempre le ganará al contrachapado y a unos cuantos tornillos sueltos que hayas sacado del cobertizo.

Cada vez se vuelve más importante que definas tu negocio a través de la decoración, el mobiliario y los accesorios que escoges para tu negocio, tanto para motivar al personal como para dar confianza a los clientes.

Ya no estamos en aquellos tiempos en los que el personal no se quejaba por trabajar en condiciones por debajo de la media, con mala iluminación y con aire viciado. Los reglamentos de seguridad y salud te obligan por ley a dotar a tus empleados y clientes de cierto grado de confort. Los clientes están acostumbrados a elegir y las cadenas de tiendas han hecho que se vaya perdiendo la lealtad del consumidor; compramos con la vista y si el entorno no es de nuestro agrado nos vamos a otro sitio. Por consiguiente,

Una
buena
idea...

Compara precios entre los catálogos diseñados para un consumidor industrial y los diseñados para un consumidor particular. Es bastante probable que puedas obtener los mismos productos o mejores mucho más baratos como consumidor particular.

para jugar en serio debes invertir en tu imagen. Las buenas noticias son que no te va a costar un riñón dar la impresión de un estilo moderno y de alta tecnología. Muchos negocios nuevos (el mío incluido) están disfrutando de los precios de una determinada compañía sueca y amueblando sus oficinas y tiendas de manera muy personalizada y a un coste muy asequible.

Acertar con la presentación no se limita al mobiliario y accesorios. El material del que debes presumir no es tu escritorio con acabado de arce o las relucientes barras para colgar la ropa, sino la mercancía en sí. Escaparates inteligentes, una colocación sensata del material y estanterías llenas de productos pueden inspirar la venta tanto como un buen vendedor. En una tienda al pormenor o en una tienda en Internet lo que pretendes es que el producto hable por sí mismo y que el mobiliario funky lo complemente, no que le robe protagonismo. Esto también se aplica a los entornos de oficinas. Los clientes se van a reunir contigo para ver qué puede hacer tu negocio por ellos. Si se van de la reunión más impresionados con tu elección del papel corporativo y tu cafetera italiana que con tu habilidad para cerrar el trato, todo habrá sido en vano.

Pero todavía hay mucho margen para la originalidad. Existe una homogeneización tanto de tiendas como de oficinas que puede llegar a ser un poco impersonal. A veces salirse un poco de la norma puede ser bueno. Escoge un tema y cíñete a él. Mientras que el efecto general sea agradable, dará un buen testimonio de la gente que lleva el negocio.

La
frase

«Nada tiene más éxito que la apariencia de éxito».
CHRISTOPHER LASCH, crítico social.

Hay mucho que decir en lo que concierne a ponerte a trabajar tú mismo cuando estés montando el negocio, sobre todo con las tareas sencillas. Cuando se emprende un negocio, es absolutamente esencial que consigas estirar el dinero. Es muy fácil encontrar todos los trabajadores que necesites para hacer los arreglos en un local. Pero los precios pueden duplicarse o triplicarse en relación con el mismo trabajo en una vivienda de uso particular, simplemente porque van a pasar la factura a un negocio. Si tus amigos y familiares están poco dispuestos a ayudar económicamente con la inversión, tal vez estarán más dispuestos a coger una brocha y ayudarte a tener listo tu local para empezar a funcionar. Si ya has contratado a alguien, haz que todo tu personal se involucre para ayudarte a que el negocio despegue: implicar a la gente y hacer valer su opinión ayudará a subir la moral y aumentará el grado de responsabilidad.

Puedes haberlo tenido en cuenta o no, pero la ropa corporativa es una forma muy eficaz de promocionar tu marca y presentar tu producto a mayor escala. Ya sea con un uniforme completo o con una camiseta, el nombre de tu compañía viajará más rápido de manera muy económica. Aunque tu personal no esté muy dispuesto a llevar la ropa de la compañía durante el fin de semana sí que tienen que viajar del trabajo a casa y al revés, en público, llevando tu logo.

Una vez establecido el aspecto y estilo de tu local, queda mucho por hacer para presentarte a ti y a tu negocio de la mejor manera. Para saber más consulta la IDEA 11, *Vestido para triunfar*.

Otra idea más...

«El mundo está gobernado más por las apariencias que por las realidades, así que es tan necesario aparentar que se sabe algo, como saberlo realmente».
DANIEL WEBSER, político norteamericano del siglo XIX.

La frase

¿Cuál
es tu
duda?

P **Los muebles de automontaje son mucho más baratos, pero, ¿no es probable que se vengan abajo con el desgaste natural propio de una oficina o un comercio?**

R *Como pasa con todo, quien compra barato paga dos veces. Pero no te olvides de que la calidad general de los muebles y accesorios por catálogo ha mejorado considerablemente en los últimos diez años. No estoy sugiriendo que compres el producto más barato de oferta, pero si miras los objetos de mayor precio, aún así serán al menos un 25% más baratos que en un proveedor industrial. Para materiales como el suelo, sin embargo debes actuar sobre seguro, comprando productos industriales debido al lógico desgaste por el uso; pero un escritorio es sólo un escritorio.*

P **Hay una empresa local que ofrece alquiler de mobiliario. ¿Es una buena idea?**

R *No para un proyecto a largo plazo. Estarás pagando mucho más del valor real del producto y tendrás un margen de elección limitado en cuanto a lo que vas a alquilarles.*

P **Sé que los proveedores te cobran en demasía, pero, ¿no sale al final más caro pasar días, incluso semanas recorriendo sitios buscando gangas?**

R *Depende de lo que planees gastar. Si tu presupuesto es más de una semana de sueldo, entonces es probable que merezca la pena el esfuerzo para ahorrar dinero.*

10

Adictos al sistema

Todos los negocios necesitan usar maquinaria para ahorrar tiempo y dinero. Con la utilización de los sistemas correctos un solo trabajador puede hacer el trabajo de varios.

Dedícale un rato a aprender cómo funcionan estas máquinas: no tiene sentido tenerlas en un rincón muertas de risa.

En esta era tecnológica es altamente improbable que un negocio pueda sobrevivir sin al menos un ordenador personal. Los ordenadores te permiten adoptar diferentes papeles: desde contable a diseñador, pasando por planificador estratégico o vendedor. Con las herramientas apropiadas puedes hacerlo todo. Aunque hay otras áreas en las que puedes escatimar para ahorrar, cuanto más inviertas en tecnología más recibirás a cambio. Esto no quiere decir que no compares precios buscando lo más económico. Trata siempre de comprar la máquina con mejores prestaciones. Los avances tecnológicos suponen que las máquinas se quedan obsoletas muy rápidamente y, por tanto, cuanto más prestaciones tenga desde el principio, más tiempo pasará antes de que haya que reemplazarla.

Una buena idea...

Crea un documento para ti y tu futuro personal estableciendo el procedimiento a seguir por la compañía en lo concerniente a copias de seguridad de archivos. Si tus ordenadores actuales sólo contienen una disquetera y un grabador de CD, cómprate una unidad de almacenamiento externo para copias rápidas.

No importa cuál sea tu opinión sobre el nacimiento e influencia de internet, está aquí para quedarse. Es muy importante que tanto tú como tu personal os preparéis para usarlo bien. En cuanto tengas local busca un servicio de banda ancha para la zona. Busca las mejores ofertas por el menor precio: sobre todo los contratos que no te cobran una cuota de instalación o de módem. Cómprate un dominio y hazte un sitio web para dar a conocer tu presencia virtual. Es esencial que tengas al menos una dirección de correo electrónico de la compañía; no te dejes tentar por una cuenta gratis de alguna web (como por ejemplo nombredelnegocio@hotmail.com) porque dará una impresión negativa de tu negocio.

También necesitarás las formas más tradicionales de comunicación como el teléfono, el fax y el importantísimo contestador. Los precios para estos utensilios son bastante baratos para sistemas de una calidad razonable. Aunque internet parece haber sustituido al fax, algunos de tus proveedores o clientes puede que todavía necesiten que puedas recibir o mandar faxes. No decepciones o, peor, pierdas una venta, sólo por lo que vale una comida en un restaurante.

EL ARCHIVADOR VIRTUAL

¿Qué ha pasado con toda la información que solía ocupar archivadores en todas las habitaciones? La mayoría se encuentra ahora en los discos duros de unos cuantos ordenadores: tremendamente pulcros, agradables a la vista y con un espacio extra que implica una oficina más grande. Pero ahí es dónde se encuentra el peligro. Cuando compres los ordenadores para tu negocio, los servicios de almacenamiento que le des al negocio son tan importantes como la velocidad del procesador y el tamaño del disco duro. Un disco duro enorme no sirve de nada si la máquina se daña o la roban: todos tus archivos pueden perderse, sin forma de recuperarlos jamás.

Hay muchas soluciones de almacenamiento. Lo mínimo que deberías tener es una unidad Zip que te va a permitir almacenar en cualquier sitio entre 100 y 750 Mb en un solo disco; para la mayoría de los usuarios del ordenador ese supone todos los contenidos de la unidad C:\ y por consiguiente todos los archivos, carpetas, correos electrónicos e imágenes que hayan creado o usado alguna vez con el sistema. Puedes hacer copia de seguridad de los discos Zip todos los días y almacenarlos de forma segura «fuera de la propia oficina».

Las máquinas para tu negocio que hayas adquirido serán bastante inútiles a menos que las complementes con el software adecuado a tus necesidades. Para saber más consulta la IDEA 44, *La máquina de la verdad.*

Otra idea más...

PROTÉGETE

Asegúrate de que encuentras un buen cortafuegos (firewall) para Internet. Los paquetes básicos pueden descargarse gratis de Internet e incluso algunos sistemas operativos como Windows XP traen el cortafuegos instalado. Debes instalar algún tipo de seguridad de red para evitar que tus empleados (deliberadamente o por accidente) se descarguen archivos maliciosos o vean algunos contenidos de la red. Por último, protege tu negocio incluyendo un descargo de responsabilidad en los correos salientes que especifique que los contenidos expuestos son personales y que si el correo se recibe por error debe borrarse.

«Imagina que todos los jueves tus zapatos explotaran cuando te los ates como siempre. Esto sucede continuamente con los ordenadores y a nadie se le ocurre quejarse».
JEF RASKIN, creador del ordenador Macintosh.

La frase

¿Cuál
es tu
duda?

P   **Nuestro negocio produce tan pocos documentos y son tan pequeños que con unos cuantos disquetes nos arreglamos para todo el proceso. Podemos ahorrarnos el gasto de otros dispositivos de almacenamiento, ¿verdad?**

R   *Cuando te confías en multitud de disquetes para almacenar la información corres el gran riesgo de que se estropee el disquete, de rescribir en un disco equivocado y, por supuesto, de perder un disco. Una unidad Zip externa te costaría alrededor de 100 •, que no es nada caro para la tranquilidad de espíritu que te va a dar este dispositivo. Un disco zip no resulta sólo útil para almacenar datos, sino que puede utilizarse para guardar archivos grandes, como fotografías e imágenes, y mandárselos a los clientes o proveedores sin atascarles el correo electrónico durante todo el día. También es mucho más rápido pasar un archivo a un disco zip que copiarlo en un CD-ROM.*

P   **Uno de los ejecutivos piensa que deberíamos simplemente hacer copias de seguridad del servidor. ¿Es sensato? ¿Podría salir algo mal?**

R   *Es muy sensato y tendríais la capacidad de hacer copias de seguridad de grandes cantidades de información. Sin embargo no debes olvidarte de que es esencial asegurarse de que el servidor esté almacenado en una sala bien protegida, preferentemente fuera de la oficina. Estaría bien hacer también otro tipo de copias de seguridad.*

P   **¿Qué es un mini disco duro portátil?**

R   *Un mini disco duro portátil, también llamado lápiz de memoria, es un diminuto dispositivo de almacenamiento que se conecta al puerto USB. Actualmente almacenan entre 128 Mb y 1 Gb, con lo cual un solo lápiz podría probablemente almacenar todos tus datos en formato de texto. ¡Pruébalos, son baratos!*

11

Vestido para triunfar

La manera que tengas de hablar de tu negocio, enseñar cifras y comportarte tú mismo va a afectar en conjunto a la percepción que los demás tengan de tu negocio.

Desde el momento en el que empiezas a comentar la idea con tus amigos y familiares deberías intentar ser capaz de resumir el espíritu del negocio en una frase o dos.

De ahora en adelante estarás vendiendo la idea de tu negocio a los demás, ya sean inversores, miembros potenciales de tu plantilla o clientes. Te encontrarás a ti mismo repitiendo frases que rápidamente van a parecer muletillas de político. Eso es normal y saludable y es así cómo la mayoría empezamos a aprender el arte de la presentación. La gente que te rodea te va a controlar y poner nota constantemente en lo referente a cómo presentas tu negocio, aunque en esta fase sea sólo una idea.

El documento más importante que tendrás que completar para que el negocio despegue es el plan empresarial y los datos financieros asociados a él. Tómate el tiempo suficiente para completar bien estos documentos y piénsate muy bien cómo vas a mostrar el

Una buena idea...

Crea un paquete de información adaptado a tus potenciales inversores, socios, proveedores y clientes. El paquete debe ser similar a un resumen ejecutivo, que muestre cuáles son los objetivos que el negocio quiere conseguir, las personas que se encuentran detrás, fotos del local o del producto y algún tipo de información sobre el mercado objetivo. Estos paquetes te van a permitir dejar una impresión imperecedera con los contactos clave. Cuánto más sucinta sea la información, más efectiva será.

producto final. Pero no confundas la buena presentación con el envase; el papel con filo dorado, un lomo perfectamente encuadernado y tapas brillantes no te van a proporcionar ningún amigo (ni financiación) si el contenido está mal hecho. La buena presentación consiste en ser claro y preciso. Pulcro y ordenado puede parecer aburrido pero siempre es mejor que chillón y chapucero.

A estas alturas ya deberías haber decidido el nombre del negocio e incluir un logo corporativo. En cuanto el logo o la marca se hayan creado es hora de ponerlos a trabajar. Que consigas crear una conciencia de marca depende de que la gente vea referencias tuyas y de tu compañía repetitivamente (obviamente una campaña de publicidad multimillonaria puede crear una marca muy rápidamente, pero la mayoría no tenemos esa cantidad de dinero). Crea literatura corporativa que asocie mucho tu logo con tu marca. Crea tarjetas de visita para los miembros de tu plantilla que vayan a tratar con los clientes y proveedores. Las cuartillas preimpresas son una buena manera de presentarte a ti mismo cada vez

que mandes un paquete o una muestra gratis, y por último, cualquier correspondencia empresarial oficial debe siempre hacerse en papel con membrete. Hay un momento y un lugar para todo y aunque el papel grueso y caro es estupendo al tacto y a la vista, sólo deberías sacarlo en las ocasiones especiales.

Siempre deberías trazar una línea divisoria entre la ostentación y la frugalidad. Tanto los clientes como los inversores sentirán rechazo hacia ti y tu negocio si parece que todo es demasiado caro para que puedas mantener el estilo de vida al que te has acostumbrado. Coches de lujo, una oficina demasiado ostentosa y una actitud de aparente descuido a la hora de gastar dinero puede dar la impresión de derroche en lugar de éxito.

Una vez que hayas creado el material impreso que va a ayudarte a conseguir tus objetivos empresariales, necesitas asegurarte de que tanto tú como tu plantilla estáis promocionando el negocio correctamente. Para saber más consulta la IDEA 13, *Saca la artillería pesada*.

Otra idea más...

«*Lo que el público quiere es la imagen de la pasión, no la pasión en sí*».
ROLAND BARTHES

La frase

¿Cuál es tu duda?

P   **En estas últimas semanas hemos estado escribiendo el primer borrador de nuestro plan empresarial, pero no estamos seguros de qué información debemos incluir en nuestro paquete de información ¿Alguna idea?**

R   *Lo que andáis buscando es crear una buen primera impresión a través de un marketing inteligente, no produciendo un mini plan empresarial. Si desglosas el paquete en cinco páginas, la página uno debe ser una introducción al negocio (nombre y logo) y detalles de contacto relevantes (dirección física, números de teléfono y dirección de la página web). La página dos debe incluir una relación de los servicios y/o productos que vais a ofrecer. La página tres puede incluir información sobre los dueños del negocio y los ejecutivos y la plantilla, incluyendo por qué estás cualificado para dirigir este negocio. La página cuatro muestra tu mercado objetivo y por qué tu negocio puede interesarles; y la página cinco puede explicar cómo pretendes llegar a ellos, contando en términos generales tus planes de marketing.*

P   **El director de marketing quiere incluir algún tipo de obsequio. ¿Es una buena idea o es un poco hortera?**

R   *Puede funcionar, pero depende del tipo de obsequio. Si lo que quieres es que se reconozca tu marca puede ser una buena iniciativa tener algunos objetos como bolígrafos o libretas con la marca en sitio visible. Piensa en cosas prácticas que la gente de verdad necesita usar en su vida diaria. Deja una impresión duradera. ¡Evita los calendarios baratos!*

12

¡Mírame!

Tú eres uno de los miles de negocios que se van a montar este año, ¿cómo vas a hacerte oír sin que te cueste una fortuna?

La campaña de relaciones públicas para tu negocio debe empezar en cuanto el plan empresarial esté acabado. Hay muchas oportunidades para empezar a hacer ruido.

Aunque queden todavía unos cuantos meses antes de que tengas acceso al local o de que hayas acabado con la recaudación de fondos, puedes empezar a promocionarte. Empieza cuanto antes poniendo anuncios para reclutar tu personal. En ocasiones, los periódicos locales acceden a añadir algún tipo de artículo a un anuncio de empleo si te comprometes a incluir en ellos todos tus anuncios para reclutar personal (esto no quiere decir que no puedas utilizar agencias de empleo). Intenta conseguir que publiquen un reportaje sobre ti en el periódico, mostrándoles cómo vas a reclutar talentos locales y cómo este negocio va a ayudar a que la economía *local* crezca.

Una vez que hayas cubierto las vacantes de trabajadores tienes la oportunidad de pedir un reportaje complementario exhibiendo a quienes has contratado. Cualquier artículo que se escriba sobre tu negocio debería darte la oportunidad de poder mostrar tu logo y detalles de contacto.

Una vez que se haya decidido el nombre de la empresa crea los nombres del dominio que necesitas y empieza por registrarlo gratis en los motores de búsqueda más importantes. El proceso de registro puede llevar de mes y medio a dos meses hasta que empiece a

Una buena idea...

Cualquier comunicado de prensa que crees debes diseñarlo para publicarse en los periódicos nacionales más importantes y mandarlo al editor que corresponda. También debes crear un comunicado de prensa específico para la prensa especializada. Al dejar que las tiendas de la competencia y los proveedores industriales sepan que has llegado causarás una primera impresión fuerte.

funcionar. Las páginas de empleo en internet son un modo excelente de anunciar cualquier oportunidad laboral a un público enorme (generalmente sólo te obligan a pagar si aceptas al candidato).

Casi todas las ciudades y pueblos importantes tienen páginas web regidas o promovidas por el ayuntamiento, que incluyen un directorio de empresas. Bien merece la pena registrar tu negocio, ya que es otra manera de que el público pueda encontrarte en la red.

¡SONRÍE!

Te guste o no, es conveniente que te hagas unas fotos; y lo mismo ocurre con tu personal. Al fotografiaros, es mucho más probable que consigas que la historia o el artículo aparezca en los periódicos locales, ya que le da al escritor más posibilidades para utilizar la historia. Con tantos particulares y negocios intentando conseguir relaciones públicas, los periodistas son reacios a dar publicidad gratis a nuevos negocios, no importa lo «guays» o modernos que puedan ser. Al ofrecer fotografías e información sobre las personas puedes tener un artículo que es más una «historia de la vida misma», pero que sigue respondiendo a las necesidades de promoción del negocio.

Y EL GANADOR ES...

Parece que el público nunca se cansa de participar en concursos. Los premios que se ofrecen van desde lo ridículo a lo impresionante, pero eso no parece disuadirles. Con ayuda del periódico local (o pagando para insertar una hoja suelta), cuando quede poco para inaugurar el negocio, convoca algún concurso con premio haciendo una pregunta sencilla basada en conocimientos generales o dando la respuesta en 200 palabras de propaganda publicitaria sobre el negocio. Le estás añadiendo valor al periódico y con ello estarán por lo general abiertos a la idea, dando por sentado que el valor de los premios se percibe como alto. A veces tendrás que ocuparte de la parte administrativa del concurso, pero al final conseguirás una base de datos con las direcciones de clientes potenciales. No te olvides de incluir una nota en las reglas del concurso que especifique que todos los participantes acceden a que te pongas en contacto con ellos en el futuro.

A veces las relaciones públicas no son suficientes para hacer llegar el mensaje. La publicidad puede ser una ruta cara pero también puedes obtener recompensas. Para saber más consulta la IDEA 13, *Saca la artillería pesada*.

Otra idea más...

Desde el momento en que tengas acceso al local asegúrate de que cuelgas carteles de la empresa. Para un punto de venta al por menor esto puede causar expectativa mucho antes de que hayas empezado a acondicionar a la tienda y adquirir el material; para un local en un centro comercial anuncia tu llegada inminente a los negocios adyacentes.

«*Acostumbrados a la moda del ruido, a los dogmas de la promoción, de las relaciones públicas y de la investigación de mercado, la sociedad recela de todo aquél que valora el silencio*».
JOHN LAHR, crítico teatral

La frase

P   Nuestro negocio es una asesoría que ayuda a otros negocios a solucionar sus problemas financieros y funcionar de manera más eficaz. No existe ninguna publicación especializada para nosotros, así que, ¿qué podemos hacer?

¿Cuál es tu duda?

R   *Busca otras organizaciones que puedan tener miembros o clientes que quizás necesiten de vuestros servicios, como por ejemplo la asociación de empresarios local. Intenta ser creativo en cuanto a las posibles salidas publicitarias. Conseguir relaciones públicas para tu negocio implica conseguir que el mayor*

¿Cuál es tu duda?

número de gente posible conozca tu negocio, donde quiera que estén, ya sean inversores potenciales, proveedores o clientes.

P   **¿Pueden llegar a emitirse demasiados comunicados de prensa?**

R   *En realidad no. Lo peor que puede pasar es que sólo se utilicen e impriman unos cuantos comunicados de prensa y los otros se ignoren. Por lo que te cuesta un sello sigue enviándolos.*

P   **Pero la gente dice que los periódicos importantes tiran la mayoría de los comunicados de prensa a la papelera. ¿De qué vale entonces mandarles nada?**

R   *Ayuda a formarse una opinión. Intenta escribir un comunicado de prensa que dé algún tipo de información o historia que pueda interesar al periódico en concreto al que lo estás mandando. E intenta enviarlo a la persona adecuada; llama primero e intenta averiguar detrás de qué andan. Ofréceles también fotos de buena calidad.*

P   **Parece que no conseguimos nada de nadie excepto de los periódicos locales. ¿Qué estamos haciendo mal?**

R   *Los periódicos locales son los objetivos más fáciles: ¡no tienen muchas noticias! Con otras publicaciones hay que pensárselo mejor. Prueba a contratar a un asesor en RR.PP. que tenga un buen historial en conseguir publicidad interesante gratis.*

13

Saca la artillería pesada

Para que tu negocio sea un éxito debes presentarte como la persona más idónea para ese trabajo en todo lo que hagas.

Tu confianza va a hacer mella en los que lean lo que escribes y escuchen lo que digas. El éxito se produce al pensar en el éxito.

Estilo no es tener un comportamiento amenazador, hablar a voces sobre armas, conducir como un loco y llevar mucho oro; eso es comportarse como un idiota. En el mundo de los negocios tener estilo es tener kilos de confianza, no de ostentación.

La imagen que todos los dueños de empresas deben transmitir es la confianza que proviene de conocer el negocio de arriba abajo. Los clientes, proveedores e inversores estarán mucho más dispuestos a separarse de su dinero y productos si sienten que lo están poniendo en manos seguras. Como propietario del negocio es tu absoluta responsabilidad ser consciente de lo que tu negocio está intentando conseguir, cómo vas a conseguirlo y de tu propia habilidad para manejar el proceso. Es esencial que desde el principio demuestres entendimiento en lugar de arrogancia y que no te dejes pillar desprevenido por preguntas cuyas respuestas debías conocer.

Una buena idea...

En lugar de mandar a un curso profesional a aquellos miembros de tu personal que vayan a tratar con los clientes o los medios de comunicación, prepárales tú mismo un discurso de cinco minutos y practícalo primero con los amigos y la familia. Averigua si hay seminarios o conferencias que anden buscando oradores, podría ser un buen entrenamiento.

Los caracteres se ponen a prueba al límite, tanto durante la preparación del negocio como durante la inauguración. Después de todo, tú y el sustento de tu personal dependéis de que tu negocio tenga éxito; no debería sorprenderte que la frustración asome su cabeza de vez en cuando. Tu manera de encarar las sorpresas, las crisis y los contratiempos va a determinar tu valía de cara a montar un negocio, mucho más que tu forma de reaccionar ante el éxito. Es importante que controles el mal genio siempre que sea posible y le demuestres a los demás que eres la persona perfecta para llevarlo a cabo. No hay nada peor que discutir en público, y recuerda que tu local es un lugar público.

Cuando diriges un negocio propio, sobre todo durante los primeros años de operación, comes y duermes pensando en el «negocio». No hay tiempos muertos y el negocio va a ser siempre una prioridad en tu mente. Para complicar aún más las cosas, espera estar al teléfono con los proveedores, clientes y personal casi las 24 horas del día, todos los días. La mayoría de los que empiezan un negocio nuevo encuentran que trabajan muchas más horas que cuando eran simples empleados. Vigila tu dieta y tu salud: puede que necesites tomar un aporte extra de vitaminas.

La frase

«Aquél que impone su criterio por la fuerza y el ruido, demuestra que su razonamiento es débil».
MICHEL DE MONTAIGNE

Aprende a aceptar que esto va a ser la norma y para conseguir que el negocio sea un verdadero éxito debes estar dispuesto a recibir llamadas y correos electrónicos a horas intempestivas. Vas a andar de acá para allá, pero si funciona y el negocio empieza a crecer en presencia y tamaño, pronto podrás delegar estas tareas en determinados miembros de tu personal y recuperar una pequeña parte de tu vida.

Intenta estar siempre contento, ¡y siéntelo así! Haz que los que te rodean se sientan felices, sean quienes sean. Asegúrate de que tú y todos los demás de la empresa sois conscientes de las necesidades de las personas que entran en tu negocio. No permitas que estén de pie esperando mientras enredas con la fotocopiadora, o peor aún, charlas sobre la fiesta del fin de semana pasado. Muéstrate dispuesto, servicial y está siempre atento a los detalles.

Para saber más sobre presentaciones de éxito y hacer llegar el mensaje, consulta la IDEA 22, *El arte de una buena presentación*.

Otra idea más...

«Siempre compensa ser obvio, sobre todo si tienes reputación de ser sutil».
ISAAC ASIMOV

La frase

55

¿Cuál
es tu
duda?

P **Me pongo de los nervios cuando hablo del negocio incluso delante de la familia y los amigos. Me siento incapaz de hacerlo delante de los inversores o proveedores. ¿No sería mejor que yo me ocupara de la planificación y dejara que otro se ocupara de hablar?**

R *La habilidad de hablar en público no la tiene todo el mundo de manera natural. Tienes dos opciones: o decides retirarte de los actos y pasarle la responsabilidad a algún miembro del personal o a otro de los dueños de la empresa, o te pones manos a la obra. Los proveedores e inversores tendrán interés en hablar contigo, sobre todo al principio, cuando estés montando el negocio. Escoge ubicaciones como tu despacho o algún otro entorno familiar para que el encuentro sea un poco menos estresante. Como con todo, la perfección llega con la práctica. La habilidad para comunicar ideas depende en gran medida de la actitud que adoptes para que tu negocio sea un éxito.*

P **No me pone nervioso la idea de hablar pero sé que mi estilo es pobre. Tengo mucho acento y tengo que repetir mucho para que se me entienda. ¿No crees que sería mejor que le pasara la responsabilidad a otro?**

R *Repito, cuanta más gente llegue a verte y a oírte hablar de tu negocio, mejor será para tu futuro éxito. Si vas a dejar que sean otros los que hablen, al menos aparece en la reunión para dar apoyo moral y para que tus clientes, proveedores e inversores puedan ponerle cara a tu nombre.*

14

La banca gana

Los bancos, aunque a menudo se nos olvide, son negocios que buscan conseguir clientes y aumentar los beneficios: los mismos ideales que probablemente has incluido tú en tu plan empresarial.

La banca personal y la banca empresarial son dos ruedos muy diferentes, pero se pueden hacer muchas cosas para asegurarse de que el negocio disfruta de un buen servicio y un poco de atención personalizada.

Una forma de lograr los fondos necesarios consiste en utilizar una escopeta de cañones recortados... Afortunadamente la mayoría de los bancos no intentan seducir al cliente corporativo con trucos publicitarios y regalitos, porque saben que no van a funcionar. En calidad de cliente que busca una solución bancaria, *tú* tienes el poder de llevar tus finanzas a donde te apetezca basándote en un dato: los costes. Los costes que los bancos aplican a las cuentas bancarias varían desde muy altos a robo a mano armada. No te dejes engañar por los paquetes de bienvenida glamorosos y los folletos elegantes; fíjate cuánto cuesta extender o ingresar un cheque o aceptar pagos con tarjeta de crédito o hacer una transferencia. Los bancos pueden cobrarte, y de hecho lo hacen, simplemente por abrir

Una buena idea...

Solicita facilidades de descubierto o una pequeña póliza de crédito aunque no tengas intención de usarlas. Es mejor que tener que reaccionar a un posible problema de tesorería. Crea un documento que exponga el motivo, explicando que es mejor estar preparado para una posible eventualidad, y recalcando que no tiene relación alguna con el resultado proyectado del negocio.

una cuenta corriente o mandarte una carta, y no es barato. A cambio, como cliente es probable que puedas conseguir un préstamo empresarial o facilidades en caso de descubierto, pero no confundas eso con benevolencia; los préstamos son una manera que tienen los bancos de hacer mucho dinero, muy deprisa, a través del tipo de interés y los términos que te ofrecen.

Por otra parte, los bancos tienden la mano a los negocios convirtiéndose en su salvavidas, sobre todo en los años formativos cuando más se necesita. Los bancos están deseando que tu negocio tenga éxito porque van a sacarte dinero durante mucho tiempo. A cambio de esta esperada «lealtad» estás en posición de abrir una cuenta bajo la premisa de que esperas tanto un préstamo como facilidades de descubierto. Normalmente te van a presentar a un gerente de cuentas que será asignado a tu cuenta. Los costes de este servicio varían, pero sería inteligente por tu parte hacerte amigo de esta persona. Preséntate a ti mismo y a tu negocio desde el mismo principio. Incluso si el negocio está en fase de borrador, déjales que echen un vistazo y hagan sugerencias. Cuanto más se familiaricen con tu negocio y tus pensamientos, más receptivos se encontrarán a la hora de darte el dinero, ya sea en forma de préstamo, facilidades de descubierto o una reducción o renuncia a las comisiones. Tu gerente de cuentas va a tenerte a ti y a muchos otros en sus libros de cuentas, asegúrate de que tú eres su cuenta más interesante.

ESPERA EL MOMENTO PROPICIO

Un negocio nuevo sin historial previo siempre está en desventaja. No importa cuáles sean las cifras que pongas en la hoja de cálculo, hasta que empieces a trabajar y el banco esté en condiciones de diseñar un perfil, los prestamistas estarán remisos. No obstante, no importa qué tipo de préstamo inicial o facilidades de descubierto te ofrezcan, después de seis meses de funcionamiento empieza a tomar forma un perfil y estarás en condiciones de recurrir a tu banco como posible fuente de una segunda ronda de financiación. Un préstamo más grande o unas facilidades de descubierto son más fáciles de obtener una vez que el negocio está montado y en funcionamiento. En cuanto el banco vea que entra y sale dinero de la cuenta, y le hayas enseñado a tu gerente de cuentas las relaciones públicas, la publicidad y los currículos vitae del personal clave que has conseguido desde la apertura, todo empieza a ponerse a tu favor. Demuéstrale al banco que tu negocio realmente funciona, junto con los planes detallados de cómo pretendes usar el dinero, hasta el último euro, y justifica por qué existe una repentina necesidad ahora cuando no la hubo antes. El banco probablemente busque algún tipo de garantía sobre el préstamo. Asegúrate de que estás de verdad convencido de que el dinero va a servir para hacer crecer el negocio, no le metas dinero bueno un mal negocio.

En ocasiones la cantidad que necesitas reunir es demasiada para que un banco considere correr el riesgo de invertir. Puede que tengas que acudir a inversores privados o a empresas de capital riesgo para conseguir el dinero. Para saber más, consulta la IDEA 15, *¡Al ataque!*

Otra idea más...

«Un banquero es alguien que te presta su paraguas cuando luce el sol pero quiere que se lo devuelvas en el mismo instante que empieza a llover».
MARK TWAIN

La frase

¿Cuál
es tu
duda?

P **El banco está reacio a concedernos una póliza de funcionamiento hasta que no llevemos funcionando al menos dieciocho meses. ¿Hay alguna esperanza?**

R *Los bancos podrían solicitarte un historial de actividad de la cuenta antes de acceder a permitir algún tipo de préstamo autorizado más, pero muchas veces si estás dispuesto a bajar la cantidad inicial ligeramente, y mencionas que un banco de la competencia está dispuesto a acceder a una cifra similar, la victoria es tuya. Consiste en saber negociar y en tener un poquito de sangre fría.*

P **Nos preocupa que si tenemos una póliza de crédito o posibilidades de descubierto lleguemos a usarlas. ¿No es la tentación de gastar un poquito peligrosa?**

R *No si tus controles financieros están en su sitio y te ciñes al presupuesto. Nunca consideres las pólizas y otras facilidades de descubierto como un dinero extra al que recurrir; está ahí sólo como último recurso, pero es mejor tenerlo arreglado de antemano. No te olvides que no deja de ser dinero prestado, y dinero muy caro, de hecho. Utilízalo para suavizar problemas de flujo de caja mientras esperas que te paguen las deudas; no lo utilices para invertir en el negocio. Las facilidades de descubierto pueden cancelarse de manera inesperada, así que asegúrate de liquidarlas regularmente. Lo ideal sería que no estuvieses en descubierto más de un par de días cada mes.*

P **¿Qué es mejor: volver a hipotecar mi casa o conseguir un préstamo bancario?**

R *Los préstamos hipotecarios son el dinero más barato que podrás conseguir, pero ten cuidado con los costes y penalizaciones por rehipotecar. Si la suma que vas a pedir es mayor que, digamos, el sueldo de un año, entonces suele ser mejor seguir la ruta de la hipoteca porque sale más barato.*

15

¡Al ataque!

En ocasiones los bancos no están muy dispuestos a prestar grandes cantidades de dinero, sobre todo si ese dinero no está respaldado por un aval. Ahí es donde necesitas recurrir a los peces gordos.

Decir que tratar con sociedades de capital riesgo e inversores privados es como venderle tu alma al diablo puede sonar un poco fuerte, pero no está muy alejado de la realidad....

Si necesitas grandes cantidades de dinero para hacer realidad tus objetivos empresariales entonces una ruta para reunir el capital puede ser a través de inversores privados o empresas de capital riesgo. Los inversores privados son individuos que buscan invertir su dinero en negocios nuevos, o en negocios que andan buscando una segunda ronda de financiación para seguir creciendo. Todo suena increíblemente benévolo, pero los inversores privados quieren un rendimiento mejor del que recibirían de un banco (calcula alrededor del 5% al año) o de invertir en bolsa con lo cual te van a *animar* a ganar la mayor cantidad de dinero posible en el menor tiempo posible. Estos inversores normalmente se encuentran a través de redes empresariales o en internet y con frecuencia tienden a invertir sólo en negocios de un sector que conocen.

Una buena idea...

Perder un tiempo precioso acercándose a un inversor privado o a una empresa de capital riesgo equivocada no te va a ayudar, ya que la respuesta puede tardar semanas, si no meses. Dirígete a aquellos con experiencia probada en inversiones en tu campo. Una vez que tengas identificada una selección de posibles inversores, diseña tu plan empresarial en consecuencia: cuándo y cuánto beneficio vas a sacar. A los capitalistas de riesgo no les convence la verborrea empresarial sino las cifras frías y desnudas, junto a una explicación de cómo vas a hacerlo.

Las empresas de capital riesgo (también llamados VC, del inglés *Venture Capitalists*) suelen ser organizaciones corporativas que invierten muy fuerte en negocios nuevos y, al igual que los inversores privados, van a buscar un rendimiento alto y rápido de su inversión.

Tanto estas empresas como los inversores privados probablemente quieran una parte de la compañía a cambio del capital o una parte de los beneficios, y con frecuencia van a insistir en poner a algunos de los suyos en el consejo de administración.

Aceptar este tipo de financiación tiene su coste: cierta pérdida de control; pero al aceptar su dinero puedes aprovecharte de su experiencia en todo tipo de asuntos. Después de todo, los dos tipos de inversores van a querer asegurarse de que tu negocio sea un éxito.

Los inversores privados pueden parecer hadas madrinas que te proporcionan el capital para que una idea funcione y arrancar el negocio para que se convierta en una empresa innovadora, interesante y provechosa. Pero este nivel de asistencia financiera no resulta fácil ni barata. Un inversor privado, o varios inversores privados, buscan un rendimiento saneado y *seguro* de su inversión que tenga mucho más valor que las rutas más evidentes para poner a trabajar su dinero, como por ejemplo, las cuentas de ahorro y las acciones de la bolsa. Para atraer a un inversor privado, tu oferta ha de ser tan sorprendente y única en tu ofrecimiento que realmente haga que se sienten y empiecen a tomar nota. Si quieres montar una peluquería no es probable que atraigas este tipo de inversión, pero un producto de software innovador o una organización que intente asentar nuevos precedentes en tecnología estará a la cabeza de su lista.

Si sólo necesitas una pequeña cantidad de capital para financiar tu negocio es probablemente mejor que involucres a un banco. Para saber más, consulta la IDEA 14, _La banca gana._

Otra idea más...

Las empresas de capital riesgo normalmente cuentan con cantidades significativas de dinero de otras personas, sobre el cual tienen potestad absoluta (o ciertamente mucha influencia) para invertir en negocios que consideran merecedores de financiación. Buscan exclusivamente su propio beneficio financiero. Durante el boom de internet de finales de los 90, estas empresas parecían más activas que nunca, con miles de millones invertidos en negocios basados en Internet por todo el mundo. Algunos de estos negocios han obtenido diez veces lo que se invirtió, pero una gran mayoría no consiguió ningún tipo de rendimiento, sea cual fuere el capital empleado. La consecuencia inmediata fue que las empresas de capital riesgo se desconectaron de las inversiones en Internet y empezaron a mirar en otras direcciones.

Escoger la ruta de la inversión del capital de riesgo puede ser tanto bueno como malo para tu negocio. A corto plazo puede costarte dinero buscar esta inversión por la cantidad de costes, como los honorarios de algún consultor y los honorarios legales que tu negocio tendrá que soportar hasta que se cierre el trato, en cuyo caso se restituye. Por lo tanto, esta ruta de financiación de fondos sencillamente no es viable para muchos negocios porque en primer lugar necesitas tener una gran cantidad de capital disponible para gastar.

«A todo el mundo le cae bien un gracioso, pero nadie le presta dinero».
ARTHUR MILLER

La frase

¿Cuál es tu duda?

P **Parece que nos va a llevar cinco años poner el negocio en forma y empezar a recoger beneficios importantes. ¿Puede que esto disuada a alguna compañía de capital de riesgo?**

R *Cada compañía de capital de riesgo tiene su propia agenda, así que no hay reglas establecidas. Aunque busquen beneficios pronto, en algunas compañías cinco años es bastante pronto. No dejes que el factor tiempo te detenga. Prepara el terreno y los datos lo mejor que puedas y espera una respuesta. Si acabas trabajando con una compañía VC mano a mano pronto descubrirás qué tipo de plazo les viene bien.*

P **La persona de la empresa de capital riesgo a la que nos hemos dirigido está interesada, pero insiste en que le llamemos «Lord Vader». ¿Eso está permitido?**

R *Llámalo Verónica si eso es lo que le gusta. ¡Tú sólo piensa en el dinero!*

P **Me parece que los mejores VC (empresas de capital riesgo) están en Estados Unidos. ¿Es buena idea intentarlo allí?**

R *Si tu negocio es innovador y tiene el potencial de funcionar en otros países, incluido EE.UU., no es tan descabellado acercarse a los VC americanos primero. Tienen mayor acceso al capital y mayor experiencia que la mayoría de los VC de cualquier otro sitio. Algunos tienen reputación de exigir tratos imposibles que garantizan que el dueño pierde su negocio si tienen éxito. Haz las tareas e intenta hablar con la gente del negocio; no te vayas automáticamente a la primera oferta de dinero que te hagan.*

16

Señas de identidad

Decidir sobre la identidad jurídica y el estatus de tu empresa puede ser difícil, pero recuerda que el status de una empresa puede convertirla en «de altos vuelos».

Convertirte en Director Gerente de una Sociedad Anónima suena fenomenal, pero crear una sociedad anónima no es siempre lo mejor para tu negocio. Escoge bien y asegúrate de que sigues al mando.

SOCIEDADES LIMITADAS

La sociedad limitada se considera el mejor invento de los victorianos, aunque eso es discutible, ya que el inodoro es igualmente importante. Una compañía limitada es una entidad legal completamente separada de aquellos que la dirigen o trabajan en ella (con lo cual los directivos tienen responsabilidad limitada). Con esta definición, presenta un conjunto de ventajas y desventajas.

Al crear una sociedad limitada puedes dar impresión de envergadura y experiencia muy fácilmente, incluso aunque el negocio sea completamente nuevo. Los clientes estarán encantados de firmar cheques para XYZ S. L en lugar de para José Sánchez. Sin embargo, a algunos proveedores no les gusta que las empresas pequeñas sean limitadas, porque puede dar la impresión de que te estás protegiendo del riesgo, lo que irónicamente te

Una buena idea...

Dedícale tiempo a hablar con un asesor que te ayude a decidir qué fórmula se adapta mejor a tu negocio en concreto. Tu asesor podrá aconsejarte qué tipo de figura legal va a ayudarte a conseguir tus objetivos a largo plazo, así como recomendarte qué es mejor en este punto para minimizar tu responsabilidad fiscal. Estas son decisiones muy importantes que no deben tomarse a la ligera.

convierte en una apuesta arriesgada. Los bancos suelen sentir lo mismo y, en un intento de asegurarse que todo el dinero que le prestan a un negocio está de algún modo asegurado o protegido, le piden a los socios que firmen un mandato que asegure que si el negocio no puede hacer frente a los gastos, vosotros, en calidad de socios, tendréis que hacerlo. Registrar una empresa en el Registro Mercantil es un requisito legal en la mayoría de los países y existen los consiguientes costes si solicitas a un contable que te prepare estos documentos.

COMUNIDAD DE BIENES

Una comunidad de bienes funciona excepcionalmente bien para un número de industrias y negocios, y no tan bien para otras. Los ejemplos clásicos de comunidades de bienes son los bufetes de abogados y las asesorías contables. Con una comunidad de bienes simple los socios tienen responsabilidad ilimitada y esto implica que tú tendrás que responder de las deudas empresariales de tus socios, incluso si desconocías la deuda. Una invención reciente es la sociedad de responsabilidad limitada, que es casi una fusión de la comunidad de bienes y la sociedad limitada, en la que los socios disfrutan de la protección de la responsabilidad limitada pero siguen siendo socios en lugar de directivos.

AUTÓNOMO

Para saber más sobre el trato con asesores consulta la IDEA 18, *Relájate y disfruta.*

Otra idea más...

El autónomo está en la base de la pirámide. Este estado tiene bastantes beneficios y unas cuantas desventajas, pero lo más importante es que dice mucho sobre cómo se percibe el «tamaño» de la empresa, lo que puede trabajar en tu favor o en tu contra. El autónomo tiene responsabilidad ilimitada y por tanto es responsable de todas las deudas del negocio; sin embargo cada vez más empresas están a favor de trabajar con autónomos porque aprecian el riesgo que el individuo está asumiendo y sienten que obtendrán mejor servicio y calidad.

SOCIEDAD ANÓNIMA

Esta fórmula se considera casi siempre como la cumbre de la pirámide; inmediatamente conjura imágenes de tamaño y acceso al capital, aun cuando la verdad del asunto pueda ser muy diferente. Las sociedades anónimas funcionan muy bien para crear expectación e interés por tu empresa, pero con el dinero extra que consigues de la emisión de acciones y los accionistas viene el consentimiento a que se mire con lupa todo lo que hagas y tener que satisfacer los deseos de los accionistas y su necesidad de obtener rendimiento. Es importante que comprendas que son los accionistas los que poseen una sociedad anónima, no los directivos de la empresa. Pueden expulsarte de la junta de administración con sus votos, pero igualmente puedes convertirte en el director general de un conglomerado internacional multimillonario mucho más rápido que dirigiendo una comunidad de bienes o una sociedad limitada.

«Un héroe estático es una responsabilidad pública. El progreso se queda sin movimiento».
RICHARD BYRD, explorador

La frase

¿Cuál es tu duda?

P   **Si sacamos la sociedad a bolsa, ¿nuestra cotización aparecerá en el Ibex 35 con Telefónica y todos los grandes?**

R   *Probablemente no. El corredor de bolsa que os corresponda decidirá cuándo y dónde sacar al mercado la compañía. Siempre existen mercados alternativos para compañías pequeñas y emergentes. Lanzar acciones de una compañía es tremendamente caro y todos los intermediarios (los corredores y los banqueros inversionistas) quieren, por un lado asegurarse de que cobran sus comisiones y de que la empresa dure lo suficiente como para que se deshagan de todas las acciones que hayan subscrito, y por otro de que no se les critique en caso de que la empresa se venga abajo más tarde. Eso hace que estén poco dispuestos a involucrarse en ningún negocio que no tenga un buen historial y una gestión muy profesional. En general, el pretender emitir acciones de una compañía es algo que no debes considerar en serio hasta que lleves varios años de negocio fructífero y puedas demostrar que tienes un gran potencial de crecimiento.*

17

Póngame con mi abogado

Hacerlo sin ayuda de nadie es muy arriesgado cuando se trata de emprender un negocio nuevo. Incorpora un abogado al proyecto lo antes posible.

Los abogados cobran por sus servicios pero están pendientes de ti y de tus intereses. Pedirle a un abogado que te ayude a empezar será mucho más barato que contratar uno por haberte metido en problemas legales.

Antes de comprar o alquilar una propiedad no olvides solicitar una nota simple en el registro de la propiedad a través de tu abogado. Aunque todo pueda parecer fantástico en el informe de la inmobiliaria, ellos están simplemente actuando en nombre del vendedor, y puede que no todo sea verdad. La nota simple va a revelar información importante acerca de los accesos, los estatutos, el aparcamiento y si la propiedad está asentada sobre una sospechosa bolsa de gas radioactivo. Y, lo más importante, va a confirmar que la persona que te pide el dinero tiene realmente derecho a vender o alquilar.

Una buena idea... **Para apreciar mejor el valor de emplear un abogado para la empresa pon a prueba sus habilidades solicitándole un contrato de trabajo para personal estándar que se aplique a tu sector. Con una única factura de sus honorarios dispondrás de un contrato para la empresa que podrás alterar sencillamente para cada empleado que contrates. Como es fácil que tengas que formalizar un contrato para ti mismo si te conviertes en una sociedad limitada, será dinero bien gastado.**

Los abogados y asesores laborales tienen plantillas de contratos disponibles sólo con apretar un botón. A menos que tu empresa vaya a emplear asesoría legal permanente como parte de la plantilla o dé la casualidad de que haya un abogado cualificado en el consejo de administración, esta información y su conocimiento de las leyes en vigencia son absolutamente vitales para continuar las buenas relaciones con el personal.

Emplear a alguien para tu negocio es ahora más comprometido que nunca. Por supuesto que el personal ayuda a dar vida al negocio y a conseguir tus objetivos, pero son también tu mayor fuente de gastos. En un negocio pequeño esto puede producir todo tipo de problemas, de los que no es el menor la sensación de malestar entre los compañeros. Protégete a ti mismo y a ellos con un legítimo contrato de empleo.

Si estás pensando en poner una página web es esencial que incluyas un aviso legal. Las páginas deberían indicar tu acuerdo contractual con los usuarios y las condiciones de uso de tu sitio. ¿Queda claro quién posee el copyright sobre los textos, imágenes y otros contenidos que se encuentren en tu sitio? Merece la pena lo que cuesta hacer que un experto en leyes revise tu aviso legal. Copiar el de otra página web y alterarlo para que se ajuste a tus necesidades no es suficiente: te puede pillar un usuario «listillo» que encuentre alguna rendija.

La frase **«Confía más en la nobleza de carácter que en un juramento».** SÓLON, legislador de la Antigua Grecia

Durante la creación del plan empresarial se hace evidente que probablemente vayas a necesitar de los servicios de un bufete de abogados. Dependiendo de la necesidad y del coste puede ser sensato establecer una cantidad fija que pagar al mes o al trimestre que compense lo que te fueran a facturar. El cobro mensual puede ser más fácil de llevar y mucho mejor para el flujo de caja que hacer frente a facturas de costes irregulares conforme se presenten. El propio bufete podrá sugerir una cantidad apropiada; y, si no es correcta, ambos os daréis cuenta y podréis resolver la situación fácilmente.

Además de los servicios de un abogado o asesor laboral vas a necesitar tratar con un asesor fiscal para poner a funcionar tu negocio. Para saber más, consulta la IDEA 18, *Relájate y disfruta*.

Otra idea más...

Para construir una buena relación de trabajo fácilmente, merece la pena solicitar algún tipo de trabajo de corte privado al bufete que estás pensando utilizar para la empresa. Algo simple, como por ejemplo, un testamento, te va a costar muy poco y es algo que de todos modos deberías tener. Como tienes un buen número de razones para llamar, es importante que tu nombre le sea familiar al abogado, y a veces, mejor aún, a su secretaria. Si necesitas hablar urgentemente con él es mucho más probable que estés en cabeza de la lista de mensajes, no a la cola.

«Los abogados, imagino, fueron niños alguna vez».
CHARLES LAMB

La frase

P   Mi abogado tiene el despacho a muchos kilómetros de donde estamos montando el negocio. ¿Puede suponer un problema?

¿Cuál es tu duda?

R   *Probablemente no, ya que la mayoría de los documentos en los que va a trabajar no requerirán tu presencia. No obstante, deja suficiente margen de tiempo para que el correo vaya en ambas direcciones si estás tratando con un abogado establecido en otro pueblo o ciudad.*

¿Cuál
es tu
duda?

P **Tanto nuestro abogado como nuestro asesor fiscal se han ofrecido a constituir la sociedad limitada por nosotros. ¿Es uno mejor que otro para este
propósito?**

R *No, los dos van a rellenar los mismos formularios en vuestro nombre. Id con
el más barato, que probablemente sea el asesor fiscal.*

P **Mi abogado siempre parece estar creando problemas y se niega a decirme
cuánto me va a costar un trabajo. ¿Debería buscarme otro abogado?**

R *Eso es un problema común. Para ser justos con la abogacía, es difícil para
ellos saber cuánto trabajo les va a dar una tarea dada, y parte de su trabajo
es pensar en posibles problemas que tú no habías tenido en cuenta. Los
clientes siempre quieren respuestas concretas, pero a menudo no comprenden que no es posible. Un abogado no puede responder preguntas como
«¿Voy a ganar el caso?» con un «sí» o un «no» rotundo; todo depende...*

18

Relájate y disfruta

Los asesores fiscales son individuos altamente cualificados. Conseguirte uno bueno te ahorrará a ti y a tu negocio cientos o miles de euros al año. Elige mal, y un asesoramiento equivocado, incluso peligroso, te costará un ojo de la cara.

Si esto de sacar cuentas no va contigo, no te preocupes, a ellos les encanta. Puede que no sean la alegría de la fiesta, pero se van a asegurar que puedas celebrar una.

Mucha gente del mundo de los negocios considera a los asesores fiscales como el enemigo. Este no será tu caso si mantienes una buena relación laboral con una asesoría fiscal. A muy pocos nos gusta trabajar con números, y a los que sí, pues eso, son contables; pero es una parte intrínseca de dirigir y hacer funcionar un negocio. Un buen asesor fiscal siempre está de tu lado para asegurarse de que el negocio consigue mayor beneficio posible y lo que es más importante, lo mantiene; y eso no es malo. Un asesor fiscal debe incorporarse al proyecto desde el principio, para que te conozca a ti y al negocio que propones desde que está en mantillas. No te van a juzgar mal por ofrecer un plan incompleto, sólo te van a ayudar a seguir la dirección correcta para hacerlo bien. Si dejas que el

Una buena idea...

Haz una selección de tres auditorias contables con las que podrías contar para llevar tus cuentas. Haz una lista de preguntas y reúnete con cada una de ellas. Aquella que muestre más entusiasmo por tu negocio debería ser tu primera elección. En los próximos años te van a estar cobrando por sus servicios, así que haz que se ganen el dinero desde la primera reunión.

asesor fiscal te vaya haciendo comentarios sobre los primeros borradores del plan empresarial, pronto sabrá qué es lo que intentas conseguir y podrá adaptar su servicio para cubrir tus necesidades y las de la compañía, ahorrándote reuniones y gastos innecesarios.

Hay asesores fiscales para todos los gustos y estilos. Escoger uno es una decisión muy importante, así que nunca debes limitarte a coger la guía de teléfonos y elegir un nombre que te suene bien. Ponte como norma no contactar ninguna firma que se anuncie en los periódicos locales, o dejen folletos de propaganda en el buzón, o peor, que hagan llamadas publicitarias. Aunque tienen todo el derecho a anunciarse, uno no puede evitar preguntarse «¿por qué no tienes suficientes clientes?». La mejor forma de escoger una asesoría es a través de la recomendación personal. Si alguien que conoces lleva un negocio y llevan varios años satisfechos con su asesor, es una apuesta segura el que también lo haga bien contigo. A diferencia de los abogados, siempre interesa trabajar con una firma local. No sólo porque vas a conseguir un servicio más personal, sino que será mucho mejor cuando tengas que preparar las cuentas de la compañía si puedes transportar los archivos y documentos a mano o en coche en lugar de confiárselos al correo.

La frase

«Es mejor conocer algunas preguntas que todas las respuestas».
JAMES THURBER

Guardar registros escritos de absolutamente todo es un buen hábito que deberías adquirir desde que empieces a planificar tu nuevo negocio. Un despacho bien organizado es inmediatamente evidente por el número de archivadores que ocupan todas las estanterías disponibles. No dejes nada al azar. Siempre puedes destruirlos al cabo de un año si de verdad no sirven para nada. Lo mínimo indispensable y obligatorio legalmente (según el país) para un negocio sería tener un archivador para:

Al tiempo que los servicios de un contable vas a necesitar tratar con un abogado para ayudarte a crear y mantener tu negocio. Para saber más sobre el papel de los abogados, consulta la IDEA 17, *Póngame con mi abogado*.

Otra idea más...

- Los extractos bancarios
- Los extractos de las tarjetas de crédito
- Las facturas entrantes
- Las facturas expedidas
- El personal (contratos e información sobre el impuesto sobre la renta)

No hay un límite sobre el número de archivadores que usar en los años venideros, pero, ¡qué felicidad para el asesor que solicita un documento y el cliente sabe exactamente dónde está!

Los asesores varían enormemente en los métodos que utilizan para presentar las cuentas. No te olvides de que no hay una única respuesta correcta en los temas de contabilidad. En general, prefieren calcular los beneficios a la baja en lugar de a la alza, ya que las cuentas optimistas tienden a traer más problemas después. Imagínate la situación: un hombre de negocio súper entusiasta que infla sus cuentas pide prestado dinero y atrae inversores y al final, unos años después, quiebra. ¿A quién culpa todo el mundo? ¡Pues al asesor, por supuesto! Cada vez que hay un gran escándalo financiero, como los de Gescartera y Eurobank, los asesores se ven obligados a explicar cómo permitieron que los gerentes les engatusaran. Desde el punto de vista de un asesor una actitud «conservadora» hacia los beneficios es altamente deseable, y eso implica, además, que vas a pagar menos impuestos.

¿Cuál es tu duda?

P **Nos hemos reunido con una serie de auditorias contables y con la que peor hemos encajado es la firma que parece más preparada para ayudar en el negocio. ¿Es preferible escoger personalidad antes que experiencia?**

R *No. No vas a tener que hablar con el asesor todos los días, o todas las semanas para tus cosas. Si un asesor ha trabajado con una empresa similar a la tuya en el pasado, entonces ya sabrán que terreno pisan. El hecho de que una persona te parezca un poco brusca o desagradable no implica que no haga bien su trabajo.*

P **Un amigo mío está estudiando en la universidad para convertirse en asesor fiscal. Nos ha ofrecido un acuerdo muy beneficioso si lo contratamos. ¿Es una buena idea?**

R *Si todavía no se ha sacado el título, vas a arriesgar tu negocio y posiblemente tu modo de vida. Suelta el dinero y contrata a alguien que ya tenga el título; siempre puedes cambiar más adelante.*

P **Mi asesor fiscal viene al despacho y acaba todo en dos sesiones. Mi amigo tiene un negocio similar y dice que necesita dos semanas todos los años para preparar los libros como los quiere el asesor. ¿Qué está pasando?**

R *Quizás tú llevas mejor los registros de cuentas que tu amigo. Los asesores varían mucho en su estilo de hacer las cosas. Si a tu amigo le obligan a preparar las cifras de una manera que parece poco razonable, quizás podría preguntarle a otro asesor cómo esperaría él que le presentaran la información.*

19

Amigos y enemigos

Puede que sean tu liderazgo y dirección los que pongan el negocio en marcha en un principio, pero serán los miembros de tu equipo los responsables de convertir tu sueño en realidad.

Que contrates a todos los colegas del bar para tu negocio seguro que te va a hacer muy popular, pero, a menos que estés pensando en regentar un bar, es una mala idea.

Contrata a la persona adecuada para el trabajo y te traerá éxito; hazlo mal y podría destrozarte el negocio. Como es natural, a las primeras personas a las que vas a acudir en este momento de necesidad serán tu familia y tus amigos. Sin duda ya conoces sus circunstancias actuales, salario e índice de satisfacción laboral; lo que supone un montón de información y te permite ofrecerles un paquete alternativo y ciertas condiciones de trabajo para llevártelos a tu terreno.

Emplear a familiares y amigos puede ser la mejor jugada que tú y tu negocio podéis hacer. Ya conoces su grado de seriedad, puntualidad e historial médico y es bastante probable que le saques más partido a tu dinero en lo que concierne a número de horas trabajadas y calidad del trabajo. Como parte negativa, también existe la posibilidad de que te salga el tiro por la culata, y entonces te va a quedar la peor de todas las decisiones: ¿cómo librarte de ellos?

Una buena idea...

Pasa por el proceso de selección incluso si vas a emplear a un amigo o familiar al que conoces hace años. Según la forma en la que pretendas dirigir el negocio, podrás explicarle los fines y objetivos del negocio y las reglas básicas relativas a puntualidad, conducta profesional y código de vestuario, en la. A menos que le digas a alguien realmente qué esperas de ellos, no lo van a llevar a cabo.

Asegúrate de que conoces todos tus derechos y obligaciones como patrón antes de contratar a nadie. En concreto, escribe una descripción clara y detallada del puesto y dásela a los posibles empleados junto con el contrato de trabajo. La descripción del puesto ayuda a que todos se centren en lo que se les está exigiendo, y puede resultar muy útil si hay disputas posteriores.

AGENCIAS DE EMPLEO

Las agencias del empleo realizan un valiosísimo servicio y a cambio esperan que se les pague en conformidad. Los costes varían enormemente dependiendo de la ubicación, sector y nivel del puesto que se está anunciando. Usar una agencia suele implicar que vas a conseguir a la persona adecuada, muy rápidamente, pero a cierto precio. No sientas lealtad alguna, anuncia el puesto con cuantas agencias quieras, y táchalas de tu lista si no hacen más que mandarte candidatos inapropiados.

PÁGINA WEB

Deberías tener una página web tanto para anunciar como para exhibir tu negocio. Si tienes productos que pueden venderse por internet entonces probablemente ya la tengas. En cuanto haya una vacante para un puesto disponible es siempre mejor que intentes atraer a los candidatos adecuados tú mismo. Añadirle una bolsa de trabajo a tu página web es increíblemente barato y puede ser altamente efectivo.

ANUNCIOS

Colocar anuncios para puestos vacantes puede ser una opción cara, pero si te sientes capaz de escribir y colocar anuncios bien redactados en ubicaciones bien escogidas, entonces el ahorro y la calidad del candidato pueden ser muy interesantes. El nivel del puesto hará evidente dónde necesitas anunciarlo. Los periódicos locales hacen su papel, pero sólo hasta cierto nivel. Los periódicos de tirada nacional son caros, pero su alcance, suponiendo que hayas investigado su número y tipo de lectores y sus temas, puede beneficiarte con una riada de buenos candidatos interesados; todo por un solo pago.

Convencer a tu personal de que la idea empresarial va a funcionar debería ser tan importante o más que convencer a los clientes. Para saber más, consulta la IDEA 22, *El arte de una buena presentación.*

Otra idea más...

«CON LO BONITO NO SE COME»

No te sientas tentado de elegir a alguien por su cara bonita si crees que no está a la altura. Aunque a todos nos gusta rodearnos de gente guapa, a fin de cuentas estás contratando gente para que trabaje para tu negocio, no para darte bombo.

«La actividad frenética no es un sustitutivo de la comprensión».
H. H. WILLIAMS, abogado y escritor

La frase

¿Cuál
es tu
duda?

P **Estamos tan atareados preparando todo para la inauguración que parece un poco contraproducente programar una entrevista. ¿No puede eso esperar hasta que tengamos un momento de tranquilidad dentro de unas semanas?**

R *No hay momentos de paz con negocios nuevos y es bastante poco sensato hacer una entrevista cuando alguien lleva en el puesto semanas o meses. Treinta minutos serán suficientes y es una cosa menos que queda por hacer.*

P **Mi primo es famoso por sus problemas para levantarse de la cama por las mañanas, pero yo sé que una vez que se pone a trabajar compensa el tiempo perdido. No quiero meter la pata desde el principio y necesito toda la ayuda que me puedan prestar. ¿Qué hago?**

R *Ningún patrón toleraría retrasos por la mañana. O llega puntual a su horario de trabajo (sea cual sea) o se busca empleo en otro sitio. Si eres indulgente con un miembro de la plantilla, eso va a afectar a las relaciones con los otros miembros muy rápidamente.*

P **Tengo una posible candidata con mucho talento que quiere trabajar desde casa la mayor parte del tiempo. Dice que no necesita venir más de una mañana a la semana. ¿Qué hago?**

R *Si os ponéis de acuerdo en alguna forma de medir su rendimiento, ¿por qué no dejarle que se organice las cosas como quiera? Siempre y cuando haga el trabajo, ¿de verdad necesita estar en la oficina todo el tiempo?*

20

¿Y tú de quién eres?

Convertirse en una sociedad de responsabilidad limitada o en una sociedad anónima implica ceder una parte del control absoluto de la empresa, pero te da más personas a las que recurrir para asesorarte.

No creas que hay que tener una larga mesa de caoba y sillas de respaldo alto para dirigir una compañía, pero si las tienes y hay un gato persa en tu regazo, la gente te va a hacer caso...

El presidente está ahí para presidir las reuniones oficiales y ser, en ocasiones, el portavoz del negocio. Con mucha frecuencia uno de los socios o directivos actúa como presidente para las reuniones de la junta; en otras, principalmente en organizaciones grandes, hay un presidente fijo. El presidente de la junta controla quién habla y durante cuánto tiempo en las reuniones oficiales y, si no se alcanza una mayoría en los votos, tiene el voto de calidad. Escoge un presidente que tenga en mente los intereses de la empresa, no su necesidad de una inyección de poder o la de sus amigotes.

La forma en que el resto de los directivos perciban y reciban al director general de una organización siempre contribuye a hacer que las reuniones del consejo sean interesantes. El director general, normalmente, es nombrado por el consejo y contratado por la compañía para dirigir el funcionamiento diario de la empresa. A los directores generales por lo común los trae el consejo con ese propósito, y también los destituye el consejo si

Una buena idea...

Escoge un directivo de otro sector. No pienses que un directivo necesariamente tiene que tener experiencia en tu sector concreto. De hecho, es útil al tiempo que refrescante hacer que una voz «externa» se incorpore a la ecuación para paliar una falta en concreto y ofrecer una solución radical.

surge la necesidad. A veces el director general es el dueño de la compañía y trae a otros directivos para formar el consejo. No existe una manera buena ni mala de hacer las cosas, pero estas dos situaciones dan como resultado dos negocios muy diferentes.

En el caso del director general contratado, es responsabilidad del consejo medir el rendimiento de la compañía y usar las reuniones del mismo como un modo de ofrecer asesoramiento y hacer presión sobre la dirección si el rendimiento es menos que satisfactorio.

En el caso del director general que se ha nombrado a sí mismo, aunque el consejo ostente las mismas atribuciones, porque se les convoca para cumplir con un papel, hay normalmente muchas sugerencias, pero pocas veces mucha crítica.

Sea cual sea la situación, el consejo de administración debería tener mucha experiencia con los productos y servicios a la venta y debería ofrecer sugerencias libre y francamente. Del mismo modo, cualquier crítica debería ser tenida en cuenta por el director general y esforzarse en solucionar el problema. Si el director general se empeña en ignorar las sugerencias y críticas y continúa en sus trece, las reuniones de la junta no cumplen una función útil.

EL PAPEL DEL CONSEJO DE ADMINISTRACIÓN

Cualquier equipo de gestión necesita apoyo, asesoramiento y respaldo del consejo de administración (la mayoría de las compañías disponen de esto). Ser un directivo eficaz de una compañía no significa aparecer en la reunión trimestral del consejo y someter al tercer grado al director general por gusto de hacerlo. Es mucho mejor si los directivos juegan un papel más activo en las operaciones de la empresa durante todo el año, ofreciendo buenos consejos y, si fuera necesario, crítica de manera regular, en lugar de guardarlo todo para un bombardeo de dos horas en la reunión anual. Explícale a tu consejo de administración qué es lo que quieres de ellos, si no vais a estar todos trabajando a ciegas.

Un proceso que a menudo se pasa por alto y que siempre debería llevarse a cabo, ya sea que pretendas formar un consejo de administración o que éste ya exista, es realizar un análisis de habilidades, para tener claro cuáles son los puntos fuertes y débiles de la empresa dentro del equipo de gestión. Es inevitable que algunas debilidades se hagan aparentes, y eso es perfectamente normal. La reacción correcta es intentar solventar la deficiencia, normalmente incorporando un directivo o gerente adicional que aporte exactamente esas habilidades a la empresa.

Otra idea más...

En algunos casos es conveniente para el negocio trabajar con otro particular u organización que te ayuden a llevar a cabo tus ambiciones. Para saber más, consulta la IDEA 26, *Capitular antes de empezar*.

La frase

«¡Guardaos de aquél que habla de poner las cosas en orden! Poner las cosas en orden siempre significa poner a los demás bajo tu control».
DENIS DIDEROT, filósofo

¿Cuál es tu duda?

P   **Ni un solo miembro de nuestro equipo de gestión tiene experiencia financiera, somos todos vendedores. ¿Tendremos que pagarle a nuestro asesor fiscal para que se una al consejo?**

R   *No necesariamente. Hay bolsas de trabajo para ejecutivos por todo el país que ofrecen directivos muy capacitados y con experiencia para los negocios pequeños. En la Cámara de Comercio de tu localidad os pueden poner en contacto con ellos. Podrás elegir el directivo que quieras con las habilidades que necesites.*

P   **¿Es posible no pagarle nada a los directivos?**

R   *No pasa nada por no pagarles nada por su tiempo o asesoramiento en materias de negocio, pero es una cortesía cubrir los gastos por las reuniones (y un café y un bollo tampoco vendrían mal).*

P   **Uno de mis socios quiere traer a un empleado retirado de una multinacional al consejo. Estaba en personal y creo que el nombramiento sería inapropiado; sólo habla y no parece tener mucho olfato para los negocios. ¿Qué hago?**

R   *¿«Personal»? Debe de haberse retirado hace mucho tiempo, ahora se le llama «Recursos Humanos». Puede que tengas razón al pensar que tiene poco que ofrecer a un negocio pequeño. Las empresas grandes funcionan de una manera completamente diferente, así que tienes que asegurarte de que los formados en compañías multinacionales realmente ponen habilidades útiles sobre la mesa: finanzas, logística y marketing, por ejemplo.*

21

Obra maestra

La creación de un plan empresarial es igual que desnudar tu alma ante el mundo, porque lo que contiene el texto va a dejar tus objetivos, intenciones, aspiraciones y tu nivel de motivación a la vista de todos.

Escribe el documento para ti, no para los demás, y úsalo como el anteproyecto al éxito. Recuerda que no estás escribiendo una novela, así que menos prosa florida y diatribas idealísticas y más hechos y cifras.

Un gran plan empresarial es realmente sencillo. No importa lo complejo que sea tu negocio, el producto final debe dotar al lector, sea cual sea su formación, de una enorme visión interior del negocio, tu mercado, tus objetivos y cómo pretendes triunfar. Un plan empresarial no debería ser una excusa para confundir y cautivar a los lectores con un uso excesivo de palabrería administrativa, jerga del sector y declaraciones apabullantes; debería bosquejar tus intenciones en un lenguaje sencillo. En términos de longitud, el plan empresarial sólo necesita ocupar lo que haga falta para explicar la propuesta. No te impongas un número de páginas, simplemente escribe el plan, y, si acaso, intenta redactarlo a un 75% de su tamaño original. Un documento muy largo no te va a ayudar a reunir fondos, ni a estimular a tus empleados, ni te va a resultar útil en el futuro. De hecho, lo que hará será aburrir a la gente y tal vez convencerles de que estás ocultando inseguridades sobre el negocio detrás de montones de estadísticas, cifras y unos cuantos chistes de relleno para aligerar un poco la cosa.

Una buena idea...

Antes de embarcarte en tu propio plan empresarial, consigue el mayor número de planes empresariales reales que puedas. Aunque no hay reglas establecidas sobre diseño y estilo, en cuanto empieces a comparar vas a empezar a ver los patrones. Utiliza planes ya existentes como plantilla.

Los planes empresariales realmente lo revelan todo, es decir, los puntos fuertes y débiles de la compañía, y son documentos altamente confidenciales que no son aptos para el consumo público. Ten mucho cuidado a quien se lo dejas ver y ten siempre muy claro por qué alguien necesita verlo. Asegúrate de que numeras cada versión y destruyes las versiones anteriores para que no haya confusión.

Un plan empresarial no es un documento de marketing sólo compuesto de proyectos de futuro que serán casi imposibles de conseguir. Un plan empresarial es un documento de trabajo, uno al que un buen negocio recurre una y otra vez. Debería llevar al negocio al éxito y seguirse, no encerrarse en un archivador una vez que se ha asegurado el capital inicial.

Lo que el lector de un plan empresarial busca es que lo lleven, desde el principio hasta el final, a través de cómo vas a hacer que el negocio funcione. Está muy bien concentrarse en cuántas unidades te planteas vender y a qué precio, pero no pierdas de vista el hecho de que sea cual sea el sector en el que planeas trabajar, ya habrá competencia establecida. Reconoce la existencia de la competencia y demuestra sin lugar a dudas que has estudiado el mercado. Haz una lista de los puntos fuertes y débiles de los competidores. Si eres capaz de obtener datos financieros (prueba con el informe anual de accionistas o las cuentas del registro mercantil), cítalo y demuestra dónde encaja tu negocio en el mercado.

Cuando planifiques cómo vas a afrontar el aspecto de marketing del negocio, no te limites a hacer una lista de lo que pretendes hacer, diseña un calendario (para ti más que para los demás) y dale a la gente un punto de referencia de cuándo van a empezar ciertos proyectos o campañas y de cuánto van a durar. Desglosa los costes para cada campaña individual y explica la razón fundamental que hay detrás del gasto y la planificación.

Cuando hayas completado el plan vas a necesitar probarlo con alguien de tu confianza pero que no esté involucrado con el negocio o sea del mismo sector. ¿Puede leerlo y entenderlo alguien completamente ajeno al negocio? Cualquier terminología o área que les cueste entender debe ser revisada o explicada; tu plan debe poder llegar a todo el mundo.

Una vez que esté terminado y totalmente editado es hora de asegurarse de que el plan en sí está bien presentado. Nadie va a esperar tapas con cantos dorados, pero si encuadernas el documento, o al menos lo pones en una carpeta con colores a juego, eso hará que la propuesta parezca más atractiva, y además es menos probable que el lector vaya perdiendo páginas sueltas, lo que también ayuda.

Todos los buenos planes empresariales empiezan con resúmenes ejecutivos. Para saber más, consulta la IDEA 23, *Palabra de caballero*.

Otra idea más...

«Sólo tenía un defecto. Era malísimo».
JAMES THURBER

La frase

¿Cuál es tu duda?

P **Ninguno de los planes empresariales que he visto menciona los productos manufacturados. ¿Para qué nos van a servir esos planes a nosotros?**

R *En realidad, a través de Internet puedes encontrar en otros países muchos ejemplos de planes de fabricación. Además no olvides que cada negocio es único y por lo tanto habrá áreas que haya que añadir porque no están contenidas en ningún plan empresarial de los que hayas visto, y del mismo modo habrá áreas del plan usado de modelo que, simplemente, no necesites incluir. Los planes empresariales de otras compañías sólo deben servir como guía.*

P **¿Qué es mejor: exponer el plan en formato vertical o en formato horizontal?**

R *Yo he escrito planes empresariales en los dos formatos y personalmente prefiero el horizontal si incluyo muchas tablas de datos financieros. Es simplemente cuestión de preferencia.*

P **No me creo el tamaño de mercado y las estimaciones de valor de los estudios de mercado que estoy leyendo. No creo que definan el mercado del modo que yo lo hago. ¿Cómo voy a fiarme de ellos?**

R *Eso es un problema corriente. Depende del tipo de negocio en el que estés; pero, ¿serías capaz de realizar un estudio de mercado propio? A veces puede hacerse de manera económica a través de modelos, y puede ser estadísticamente válido. Tienes razón en resistirte a la tentación de basar tu plan en números de los que desconfías.*

22

El arte de una buena presentación

Todo lo que hagas y digas concerniente a tu negocio va a ser fiscalizado. Cualquier persona con la que hables acerca de tu compañía debe terminar la conversación completamente a tu favor y el de tu negocio.

Puedes sentirte como un mono de feria a veces, pero ¡es un precio pequeño que pagar por todos esos cacahuetes!

Algunos productos de software como PowerPoint son increíblemente útiles, pero el arte de presentar es algo más que saber cómo trabajar con software y dónde está la tecla de espacio en el ordenador. Para cautivar de verdad a los clientes e inversores con una presentación que use referencias visuales o material impreso (no te olvides de que el material de apoyo debe ser siempre muy breve) es esencial que hables más que enseñes, o de otro modo las diapositivas o las páginas empezarán a mezclarse en la mente de lo que te escucha y el ejercicio carecerá de sentido. Decídete siempre por los hechos interesantes y los puntos sucintos, nada de palabrería o páginas llenas de paja inútil. Todos podemos ver a través de aquellos que presentan gráficos en lugar de explicar los hechos. Una buena presentación va sobre tu confianza en el material del que se está discutiendo y tu habilidad para encajar dudas y preguntas relativas a la presentación. Nunca empieces

Haz una presentación con PowerPoint de tu plan empresarial que no contenga más de siete diapositivas. Este ejercicio va a ayudarte a condensar la información y con suerte se va a convertir en un primer borrador de la presentación definitiva que vas a tener que hacer en el futuro a potenciales inversores o proveedores. Incluye en las diapositivas el mínimo de información posible. Practica haciendo la presentación tantas veces como puedas; cada vez que lo hagas los puntos se harán más claros y definitivos, y antes de que te des cuenta habrás memorizado el discurso perfecto.

una presentación sin saber exactamente qué es lo que vas a decir. Escribe tu propia presentación y no le confíes a nadie la tarea de recopilar los datos; debes conocerlos perfectamente si eres el que va a ser bombardeado a preguntas sobre los puntos más sutiles.

Si te invitan a un banco, a una asesoría contable o al despacho de un inversor potencial para hablar de tu plan empresarial, asegúrate de que les proporcionas la documentación de la que pretendes hablar bastante antes de la reunión. Como regla deberías dejar al menos diez o quince días de margen. Esto permitirá que la gente pueda leer el material de antemano, y posiblemente preparar preguntas para hacerte. Esto es mucho mejor que traer el plan «a ciegas» a la reunión, ya que, al no haberlo leído bien, puede que no comprendan ciertas partes de tu presentación. Entonces tendrán que leer la documentación más tarde ¡Esa no es la manera de obtener resultados!

Aunque sea sólo un logo conceptual o temporal, la imagen de marca de tu nueva empresa
debe empezar desde el primer día. El plan
empresarial debe incluir tu logo, y cualquier
carta de presentación o correspondencia con
posibles proveedores, inversores o clientes

**Para saber más sobre la marca
del negocio y crear un logo,
consulta la IDEA 2, *Grande,
atrevido y algo descarado.***

*Otra
idea
más...*

debe estar impresa en papel con membrete lo antes posible. Crear la imagen de tu
compañía no sólo te va a hacer parecer mucho más profesional, sino que también
ayuda a construir conciencia de marca para ti y para tu negocio, aunque el negocio
no sea actualmente más que una gran idea y un par de notas garabateadas.

Un negocio es siempre más que una sola persona y con esa premisa es importante
«emplear» al mayor número de personas posibles para ondear la bandera y cantar tus
alabanzas. Esto es *networking* en su máxima expresión. Ya sean tus parientes o los
amigos del bar, háblales de tu negocio y haz que hablen de él. Al recordarles constantemente a los demás qué es lo que quieres conseguir, van a aparecer todo tipo de
contactos útiles. Si estás en el mercado buscando un asesor fiscal o un abogado habrá
recomendaciones de esas fuentes que inevitablemente te van a conducir a encontrar
los socios perfectos para tu empresa.

**«Sólo un loco no juzga por las
apariencias».**
OSCAR WILDE

*La
frase*

¿Cuál es tu duda?

P **Nuestro plan está aún un poco en el aire, ya que todavía estamos intentando terminar nuestra estructura de precios y obtener información sobre la competencia. ¿No deberíamos esperar un poco antes de ponernos a trabajar en la presentación?**

R *Empezad a crear las diapositivas de aquellas áreas que tengáis zanjadas, incluso si es sólo la estrategia de marketing o el plan para la página web; cuanto más penséis en la manera de presentar la información del negocio, mejor será la presentación. El resto vendrá solo más tarde.*

P **Estamos planeando lanzar una agencia de diseño y queremos utilizar la oportunidad de presentar el negocio para exhibir algunos de nuestros diseños y antiguas carteras. Esto hará que la presentación ocupe más de siete diapositivas. ¿Supondrá algún problema?**

R *No mezcléis la presentación del plan empresarial con un intento de captar nuevos clientes o una exhibición de vuestras habilidades. Claro que puedes incluir un ejemplo o un montaje de los diseños, pero en realidad hay que hacer una presentación para el negocio y otra para presentar vuestro trabajo. Abrumar a la audiencia con demasiada información puede ser contraproducente.*

P **¿Cuántas horas nos va a llevar crear una presentación con PowerPoint?**

R *Cuanto más lo haces más deprisa vas, pero incluso con toda la información a mano puede que os lleve un día andar manipulando los elementos visuales antes de que os sintáis satisfechos. Calcula que vais a tardar el equivalente de un trabajo de veinticuatro horas para que salga algo bien hecho.*

23

Palabra de caballero

El resumen ejecutivo debe constituir siempre la base de tu plan empresarial, pero, paradójicamente, siempre debería ser la última parte que redactes.

Lo que estás intentando conseguir con un resumen ejecutivo es similar a la propaganda publicitaria de la cubierta de las novelas: enganchar, y no enumerar todas las cosas chulas que pretendes comprar y vender.

Una vez que hayas completado el primer borrador del plan empresarial es hora de pensar en ponerse a hacer el resumen ejecutivo. La idea es no escribir más de tres páginas. Un resumen debe ser una exposición breve de los puntos principales de tu plan empresarial. El objetivo es darle a los lectores una visión rápida del plan antes de que lo lean (o decidan no tomarse la molestia), así que debe ser fiel reflejo del plan. El truco está en hacerlo tan corto y atrayente como sea posible, porque también estás de hecho escribiendo algo que cautive al lector y que le induzca a seguir leyendo. ¿Qué va a captar su atención? ¿Qué va a interesarles y hacerles pensar en ti y en tu negocio? Y ¿qué, principalmente, va a engancharles para que lean el plan completo?

Una buena idea... **Enséñale tu resumen ejecutivo a tu asesor fical, al gerente del banco y al abogado para que te den una opinión franca. Explícales que esto es un borrador y que se trata de ver cuáles son las áreas que encuentran más flojas. Te va a sorprender que tres personas tan diferentes hacen comentarios muy similares. Rescribe el sumario una y otra vez hasta que tanto ellos como tú estéis satisfechos con el resultado final.**

SORPRESA, SORPRESA

El resumen no debe desvelar todos tus secretos y sorpresas; el plan empresarial tiene que seguir siendo interesante para el lector. Utiliza el resumen ejecutivo para insinuar las sorpresas que contiene. Un buen resumen ejecutivo debe ser autosuficiente y no necesitar de ningún otro documento de apoyo. Debe ser posible leerlo y digerirlo en un par de minutos, si no, es perder el tiempo. Acuérdate de utilizar apartados con puntos numerados y títulos para facilitar la lectura.

¿EN EL ÚLTIMO MINUTO?

El resumen ejecutivo, en pocas palabras, podría ser tu única oportunidad de meter al inversor, proveedor o cliente adecuado en tu barco. Dedícale el mismo tiempo y esfuerzo que al resto de tu plan empresarial. Si tu lector no se engancha con el resumen ejecutivo entonces no es probable que siga leyendo, así que echa toda la carne en el asador. Si el resumen ejecutivo te lleva tanto tiempo como el plan en sí, eso no es mala señal. Repásalo una y otra vez en busca de errores y omisiones y dáselo a alguien para que lo repase también. Intenta leerlo en voz alta: te vas a sorprender de cuán diferente parece, y probablemente encontrarás elementos que se pueden mejorar.

¿QUÉ INCLUIR?

Tu resumen debe introducir al lector en:

- El negocio: nombre de la compañía, detalles de la compañía y de la imagen.

- Qué pretende conseguir: descripción del objetivo, ya sea venta al por menor, fabricación o servicios, y una introducción a una potencial cuota de mercado y proyecciones financieras.

- Cómo pretende conseguir sus objetivos: marketing, relaciones públicas, estrategia de crecimiento y análisis de operaciones y de mercado.

- Quién va a hacerlo realidad: el equipo de gestión y la estructura organizativa.

El resumen ejecutivo no vale nada sin un plan empresarial ejecutor que lo respalde y explique los puntos más importantes con detalles. Para saber más, consulta la IDEA 21, *Obra maestra*.

Otra idea más...

 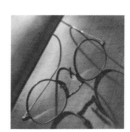

«Todo el mundo está en el negocio por sí mismo, porque está vendiendo sus servicios, trabajo o ideas. Hasta que se dé cuenta de que esto es verdad, no va hacerse cargo real de su vida y siempre andará buscando un guía fuera de sí mismo».
SIDNEY MADWED, poeta

La frase

¿Cuál
es tu
duda?

P **Me siento un poco reacio a pedirle opinión a los abogados y asesores fiscales porque eso va a costarme más. ¿No podría simplemente obtener comentarios de mi familia y amigos?**

R *Ese es un punto válido: debes intentar reducir los gastos en profesionales. Sin embargo, los comentarios de amigos y familiares no van a ser suficientes. Las personas más apropiadas a quien acudir en busca de una opinión son aquellos a quienes pretendes impresionar con el plan una vez que esté completo. Al implicarlos en las transacciones desde el principio das a conocer el negocio y de paso halagas unos cuantos egos. También puedes probar con colegas del sector, pero teniendo cuidado de que eso no alerte a la competencia.*

P **¿Es posible reducir un resumen ejecutivo a una sola página?**

R *¡Por supuesto! Utiliza el espacio que el resumen necesite y nada más. Si engancha al lector para leer el resto del plan y le da una visión de conjunto y comprensión instantánea de tu negocio, entonces habrás triunfado.*

P **No estoy seguro de saber cómo hacer que el resumen «venda» el plan. ¿Tienes alguna idea?**

R *Destaca los puntos positivos, por ejemplo, el volumen de ventas proyectado y el nivel de beneficios después de tres años, el rendimiento del capital, el tiempo que le va a llevar al negocio devolver la inversión y el potencial de crecimiento a largo plazo. Asegúrate de que estas cifras son lo más precisas que puedas, y de que están totalmente respaldadas por pruebas en el plan. No te olvides de que la mayoría de los inversores están pensando en su propio campo de interés dentro del plan: qué porcentaje de ganancia van a obtener y cuánto tiempo van a tener comprometidos sus fondos de inversión.*

24

Sobrevivir a una auditoría

Someterse a una «auditoría externa» puede ser una experiencia terrible si no te encuentras prevenido, pero con la preparación adecuada puedes salir relativamente bien parado.

La auditoría externa no se diferencia mucho de exponer al mundo tu cesto de la ropa sucia; eso puede que no te importe mucho, pero ¡uno del equipo parece querer ponerse a oler tus calzoncillos!

Normalmente una «auditoría externa» se le hace a una compañía cuando un inversor u otra empresa están seriamente interesados en invertir o fusionarse con tu empresa. Necesitan estar seguros de que todas las afirmaciones que han leído en el plan empresarial, han visto en las presentaciones, y las respuestas que han recibido a sus interrogantes durante las pasadas semanas o meses son realmente verdad. Para ellos es una forma de protección, pero para ti puede ser una experiencia horrible. Si tus afirmaciones son verdad, eso debería suponer que estás muy cerca de recibir la inversión y la ayuda que necesitas.

Una buena idea...

Haz que todos los miembros de la plantilla documenten procedimientos para que estén registrados. Nunca supone una pérdida de tiempo: la documentación de procedimientos puede constituir la base de un paquete de formación y este proceso asegura que ningún miembro del personal es indispensable.

Los auditores son enviados a «escarbar» en el negocio. Están básicamente ahí para determinar el valor de la empresa y su habilidad para hacer frente a los requisitos establecidos por ti y por los inversores o los potenciales socios de empresa conjunta. Los miembros más antiguos del personal van a ser interrogados sin piedad sobre todos y cada uno de los aspectos del negocio. Un buen consultor también hará parte de su trabajo el descubrir la «verdad» de los otros miembros de la plantilla. No pretenden pillarte, pero sí asegurarse de que los objetivos de la empresa se comprenden de principio a fin. Conversaciones informales con los empleados más nuevos o los de media jornada pueden revelar mucho sobre las prácticas de trabajo reales y la moral de la plantilla.

La realidad de la situación es que será fiscalizado cada número, afirmación, proyección o apunte que alguna vez hayas puesto por escrito en los archivos del ordenador, y absolutamente nada se va a dar por hecho a menos que haya alguna prueba que lo respalde.

COMO PREPARARSE PARA LA EMBESTIDA

Es esencial que archives, que hagas copias de seguridad y que tengas a tu alcance absolutamente todo, sobre todo los registros financieros, no importa lo antiguos que sean. No puede haber excusas de por qué hay documentos desaparecidos, corruptos o sólo parcialmente completos. Organiza los archivos antes de que lleguen los auditores, no cuando están en el edificio. Sólo te van a pedir la información, y, como la gente que han mandado va a cobrar por horas o por el día (y tú vas a pagar la factura), es por tu propio interés económico que te asegures de que la documentación se puede encontrar fácil y rápidamente. No olvides que te va a ayudar si en el

informe de los auditores se comenta lo profesional y bien organizada que es la compañía.
Trata a tus auditores con respeto, pero no te
humilles. Son profesionales a los que se les paga
por hacer un trabajo y se les debe dejar hacerlo
en paz. Como eres tú el que pagas, querrás un
buen trabajo por tu dinero, no importa lo
antagónicas que puedan parecer algunas
preguntas.

La auditoría externa no se limita a cuestionar los triunfos presentes o pasados de la empresa. También te van a pedir que des más explicaciones sobre los errores y fallos pasados y sobre lo que has hecho para solventar estos defectos. Para saber más, consulta la IDEA 29, *Acción y reacción*.

Otra idea más...

Los auditores no van a hablar sólo contigo. No importa cuáles sean tus razones para
«proteger» a otros miembros de la plantilla de ser cosidos a preguntas, les van a hacer
preguntas comprometidas y si les parece que tú estás interfiriendo en las respuestas
te van a pedir que te vayas. Asegúrate de que todo el personal ha sido bien informado
preferentemente por adelantado; estáis todos expuestos y si tu personal no está
preparado, o no se toma el procedimiento en serio, puede tener, y tendrá, un efecto
negativo sobre el informe del auditor.

Dado que el motivo por el que probablemente hayas acudido a un gran inversor es
para reunir fondos, puede parecer un poco extraño que la auditoría externa te cueste
una cantidad significativa de dinero, pero así es. Con mucha frecuencia, sobre todo si
estás tratando con compañías de capital riesgo, eres tú quien debe satisfacer el coste
asociado a enviar un equipo de auditores de
cuentas, bajo el acuerdo de que, si la inversión
tiene lugar, el dinero se te va a rembolsar. El
único problema es que si el acuerdo falla, por la
razón que sea, tú te quedas con una factura
enorme.

«Los economistas son aquellos que trabajan con números pero no tienen la personalidad necesaria para ser asesores fiscales.»
ANÓNIMO

La frase

¿Cuál es tu duda?

P   La gerente de servicios al cliente dice que el sistema actual es muy sencillo y que, por tanto, no necesita ser documentado. ¿Cómo puedo persuadirla para que lo haga?

R   *Pues de todas formas debes insistir en que lo haga. Puede que sea muy sencillo pero si ella dejara la compañía, ¿podría su sustituto saber por dónde empezar? Asegúrate de que hay una documentación de procedimientos, y compruébalo tú mismo pasando por todos los puntos y asegurándote de que tú también podrías ocupar ese puesto fácilmente si fuera necesario.*

P   Llevo yo solo una pequeña asesoría. ¿Qué hay que documentar?

R   *¡Todo! Tienes que explicar cómo consigues los encargos y propuestas, cómo contactas con el posible cliente, cómo se acuerda el precio, cómo se llegó a esa cifra y hacer un registro de los antiguos trabajos de la asesoría; eso sólo para empezar.*

P   ¡Eso me va a llevar siglos! ¿Quieres que me pase tres semanas haciendo eso en vez de ganando dinero?

R   *Ese es el eterno problema de los «hombres orquesta». Nunca parece haber tiempo suficiente para el papeleo. La documentación de procedimientos, no obstante, ayuda a que tu negocio se convierta en una mercancía vendible para los inversores; así que considéralo un valor añadido para tu negocio. Tómate tu tiempo; no tienes que hacer todo el trabajo de una vez, y por descontado no debería llevarte tres semanas el terminarlo.*

25
Conócete a ti mismo

La autoevaluación es difícil. O somos injustos con nosotros mismos, o nos negamos a concedernos el mérito que merecemos, o nos damos demasiados aires. Llegó la hora de ser objetivos.

Sé justo contigo mismo y con los demás cuando evalúes el trabajo individual; si lo haces mal, es probable que tus colegas vayan a sentirse extremadamente disgustados.

Puede que te consideres a ti mismo ideal para tu papel e ideal para dirigir tu propio negocio, y puede que tengas razón, pero siempre merece la pena tratarse a uno mismo (aunque sólo sean unos minutos) como a un extraño. Si te conocieras a ti mismo, ¿cómo describirías el encuentro? Si tus respuestas incluyen adorable, encantador y un tío estupendo, entonces es que no te estás tomando este ejercicio muy en serio. Comprender cuáles son las habilidades que posees y, lo que es más importante, tus puntos flacos, va a determinar rápidamente qué conjunto de habilidades necesitas emplear para hacer de la operación un éxito. No ignores el hecho de que no eres particularmente fuerte en ciertos aspectos de dirigir un negocio: no todo el mundo es un comunicador eficaz, o negociador, o le gusta sentarse a escribir facturas. Pretender ante ti mismo o ante los demás que puedes hacer absolutamente todo lo que requiere un negocio es temerario.

Una buena idea...

Redacta una descripción completa del puesto para el que estás reclutando. Ahora anota las competencias principales de ese puesto en dos secciones: «necesarias» y «deseables». Al explicar tus requisitos, la vacante no sólo va a resultar más atractiva para la gente más apropiada para el trabajo, sino que va a minimizar el numero de «nulidades» que soliciten el puesto.

DIRECTIVOS SIN CARTERA

Un modo inteligente de aparentar que tu negocio es exitoso y bien organizado, al tiempo que cubres algunas deficiencias en tu conjunto de habilidades y las de los otros directivos, es organizar un análisis de habilidades. Este ejercicio determina qué habilidades hay dentro de la compañía y pone al descubierto cualquier deficiencia o punto débil. Pídele a todos que hagan una lista de sus propias habilidades, dando detalles, y que identifiquen sus áreas más flojas. Explícales que la sinceridad es esencial, y que la información no se va a utilizar en su contra, es sólo para ayudar a la compañía a descubrir qué habilidades tiene y de cuáles carece.

La respuesta a estas deficiencias es encontrar directivos no ejecutivos o socios menores del negocio que actúen en el mejor interés de la compañía. Es frecuente que todos los directivos de un negocio provengan de una formación o sector similar. Eso es ideal en muchos sentidos, porque tienes un conjunto de individuos con mucha experiencia en el ramo que la compañía está intentando ofrecer. Habiendo dicho esto, si todo tu personal tiene una formación similar, verás que las habilidades se solapan y sigue habiendo desequilibrios, con mucha frecuencia en el departamento de finanzas. Es aconsejable asegurarse la participación de alguien con la preparación necesaria para convertirse en director financiero. Enseguida descubrirás que esas personas que cuidan del efectivo de un negocio son capaces de reconocer todos esos proyectos que suenan fenomenal pero que al final resultan ser improductivos. Un buen director financiero te puede ahorrar una fortuna.

ESCOGE A TUS AMIGOS

Evaluar las habilidades de los demás no termina con el reclutamiento y empleo de los directivos de la empresa; debe empezar desde los estratos más bajos del negocio y ser lo primero en tu mente cuando te pongas a contratar personal. Siempre prepárate bien para las entrevistas y ten absolutamente claro en tu mente qué es lo que buscas en cada candidato. Si el puesto que estás buscando ocupar requiere un buen dominio de los principios esenciales de los ordenadores y de paquetes específicos de software, no te sientas tentado a elegir a alguien que promete aprender: encuentra al candidato que cumple con los requisitos, no alteres los requisitos para que se ajusten al candidato.

Conocer los puntos fuertes de tu plantilla es la mitad de la batalla, pero si esa actitud triunfadora se mantiene en secreto, o no se transmite bien a los demás, va ser difícil tener éxito. Para saber más, consulta la IDEA 13, *Saca la artillería pesada*.

Otra idea más...

«Si vas a ser un sanador, no es suficiente con leer libros y aprender alegorías. Necesitas mojarte los pies, y tener cierta experiencia clínica en tu haber.»
DIANE FROLOV y ANDREW SCHNEIDER, guionistas

La frase

¿Cuál
es tu
duda?

P **No tengo pensado contratar a ningún miembro del personal hasta que el negocio lleve año y medio y esté financieramente establecido. ¿Puede esperar?**

R *Si estás pensando contratar a un empleado, en algún momento, entonces crea la descripción del puesto ahora mismo, cuando tu mente está todavía llena de ideas surgidas de escribir el plan empresarial y de discutir sobre el negocio a todas horas del día. Te será más fácil ahora escribir la descripción. Siempre puedes acabarla cuando se acerque el momento.*

P **¿Cuál es la trascendencia de los «deseables»?**

R *Con suerte, cuando anuncies el puesto sólo atraerás candidatos apropiados. Tener un número de «deseables» te va a permitir escoger al «mejor entre los buenos», porque no sólo van a satisfacer las competencias principales sino que también van a traer habilidades extras o experiencia (o una atrayente lista de contactos) al puesto.*

P **Me está costando que la gente evalúe sus propias habilidades. ¿Qué debería hacer?**

R *Intenta hacerlo en sesiones de grupo, usando una pizarra vileda. Explica qué se necesita y después anota tus propias habilidades y deficiencias en la pizarra. Dependiendo del grupo, puedes después pedirles a todos que completen su propia evaluación sobre el papel mientras esperas, o puedes con mucho trabajo arrancar la información de cada uno y escribirla en la pizarra. Eso puede llevar más tiempo, pero puede resultar necesario si los individuos no están acostumbrados a este tipo de tarea. No obstante, asegúrate de que alguien va tomando nota.*

26

Capitular antes de empezar

Hay veces en las que no podemos conseguirlo solos y debemos recurrir a alguien más para hacerlo realidad. Esto no es necesariamente negativo si sabes qué es lo que estás buscando.

Sí, estás vendiendo parte del negocio, pero qué es mejor: ¿qué tu negocio sea un éxito o mostrar que te gusta darte cabezazos contra la pared?

Aunque a muchos nos gustaría manejar todos los aspectos del negocio y mantener el control absoluto, a veces debemos ceder para que el proyecto despegue del suelo. Si tu negocio, como la mayoría, necesita financiación para empezar a funcionar, a menudo los bancos y otros prestamistas sienten más comprensión y respecto si ya has convencido a otra parte para que te ayude a compartir el riesgo e invierta parte de su propio capital en la operación. Tener un socio es una gran decisión, ya sea un amigo, un familiar o un extraño. Lo importante desde tu perspectiva es elegir el socio adecuado y que quede absolutamente claro para ambas partes qué esperáis uno del otro. La situación ideal sería

Una buena idea...

Crea una propuesta y mándala a alguna organización que hayas identificado como socio probable en una empresa conjunta. No contactes con ningún competidor en este punto, pero si hay alguna firma que trabaje en un negocio relacionado, contáctalos a ver si pican. Mientras que tu plan puede haber sido crecer gradualmente, una sociedad conjunta poderosa puede verte catapultado de negocio nuevo a empresa clave.

que tu socio no sólo doblara tu capital inicial sino que asumiera la mitad de la carga de trabajo. No siempre funciona tan limpiamente, pero es un buen ideal por el que afanarse.

Una alternativa a implicar a un individuo en el riesgo y el trabajo asociados a montar un negocio nuevo es acercarse a negocios ya existentes y entrar en el otrora extraño, a veces espeluznante, pero con frecuencia lucrativo, mundo de las compañías conjuntas. Esta opción sencillamente no es válida para según qué industrias, pero si estás pensando añadir una solución de internet para tu negocio, hay buenas probabilidades, asumiendo que investigues previamente, de atraer a un socio fuerte y de buena reputación para que te ayude a despegar. Como ocurría con aceptar ayuda financiera de un inversor privado o un capitalista de riesgo, nadie se mete en una empresa conjunta por pura bondad, lo hacen para aumentar su provecho propio o su cuota de mercado en cierto periodo de tiempo. La ventaja primordial de meterse en una empresa conjunta con una organización sólida son los consiguientes beneficios que recibes junto con el capital: publicidad y marketing conjunto, instalaciones, plantilla y asesoramiento y asistencia de un tipo de personal que jamás podrías haberte permitido el lujo de consultar o contratar.

Cuando eliges un socio o te metes en una sociedad conjunta con otra compañía existe una «penalización»: tienes que darles una parte del negocio. A cambio de su colaboración, los socios buscan una parte de tu futuro éxito y eso suele formalizarse mediante acciones o partici-

Si estás buscando formas alternativas de recaudar fondos para tu negocio, consulta la IDEA 15, _¡Al ataque!_

Otra idea más...

paciones de la compañía. Una vez que tu negocio se hace rentable estos accionistas van a querer dividendos (y buenos dividendos) que con suerte van a reembolsarles su inversión original, multiplicada varias veces. Muchos de los que empiezan un negocio se sienten reacios a ceder una parte de su compañía a otro individuo, pero la pregunta sigue siendo la misma: ¿eres capaz de empezar un negocio, y de que tenga una oportunidad, sin ayuda alguna? Si la respuesta es no, entonces tendrás que capitular.

La realidad es que es muy difícil dirigir un negocio rentable. La gente sin experiencia suele pensar que es un síntoma de debilidad ceder una parte de los beneficios, pero si no lo haces, en muchos casos verás que no consigues ningún beneficio en absoluto. ¡Definitivamente vale más pájaro en mano que ciento volando!

«Un buen oyente no sólo es siempre bienvenido sino que al cabo de un rato llega a enterarse de cosas.»
WILSON MIZNER, guionista norte-americano.

La frase

¿Cuál es tu duda?

P **Seguramente para atraer a un socio en una empresa conjunta tendríamos que revelarle gran parte de nuestro plan de operaciones. Esa información podría llegarle a la competencia. ¿Qué podemos hacer para protegernos?**

R *Tendréis que revelarles casi todo acerca de vuestros planes, estado de cuentas, ambiciones y razones para contactarles, pero igualmente ellos tendrán que hacer lo mismo si la empresa conjunta es un proyecto serio. Vuestra carta preliminar no tiene que ser demasiado detallada; si acuerdan reunirse sería bueno para todos firmar un acuerdo de confidencialidad antes de que tenga lugar la reunión.*

P **Tengo una parte interesada que está tanto cualificada para ayudar a llevar el negocio como en disposición de contribuir al capital inicial de la empresa. Quiere el 50% del negocio si la sociedad se va a llevar a cabo. ¿Es justo?**

R *Suponiendo que ya has agotado los demás canales, debes buscar lo mejor para el negocio a largo plazo, y no lo que es mejor para ti ahora mismo. Está muy bien poseer el 100% de un negocio, pero si ese negocio no vale nada, o es bastante probable que fracase en su primer año y medio por falta de inversión, entonces toda la operación es inútil. ¡Es mejor tener el 50% de algo que el 100% de nada!*

27

¡No somos nadie!

Siempre debes estar pendiente de lo que hace la competencia, tanto mientras estás construyendo tu plan empresarial como cuando el negocio está ya en funcionamiento. Imita sus éxitos y evita sus errores.

No necesitas ponerte un pasamontañas y pasarte las tardes suspendido sobre los edificios intentando entrar en las oficinas de la competencia. Aunque puede resultar divertido... ¡hay métodos más sencillos!

Sun Tzu nos enseñó que si estudias al enemigo a fondo, ganarás la guerra. El arte de hacer la guerra y el de competir en el mercado comercial no son muy diferentes. Aunque es poco probable que te corten la cabeza si fracasas, es mucho mejor ser el vencedor y tener a tus enemigos suplicando piedad a tus pies, o al menos cediendo parte de su cuota de mercado. Una forma sencilla de controlar a la competencia es poniendo a prueba su servicio tanto como puedas. Haz que miembros de tu personal les llamen, pidan productos,

Una buena idea... **Si utilizas numeración secuencial en tus facturas o recibos ¡detente! Cámbialo inmediatamente; hay alguien ahí fuera controlando tu negocio. Hazle pedidos a la competencia y comprueba cómo numeran sus documentos. El valor de esta información da casi miedo, tanto por lo que puedes llegar a saber de la competencia, como por lo fácil que es de conseguir.**

devuelvan productos, comprueben su tiempo de respuesta a los correos electrónicos y la disponibilidad de su página web. Ellos van a hacer lo mismo contigo. Esto no debe ser vengativo o malicioso; estás probando su servicio y con suerte mejorando el tuyo con los resultados. Si hay algún punto flaco en su servicio, obviamente no se lo hagas saber, limítate a asegurarte de que el tuyo es muy superior.

Nunca reveles tu posición ni tus puntos fuertes, pero descubre sus debilidades: utiliza la prensa del sector para mantenerte al día de las maquinaciones de la competencia. ¿Con quién hacen tratos? ¿Cómo se están anunciando? Sólo con su propaganda deberías poder hacerte una idea muy aproximada de cuánto se están gastando en marketing. ¿Están haciendo algún tipo de promoción con los clientes? Si es así, consigue los detalles del acuerdo y explora, lo mejor que puedas, dónde se están vendiendo sus productos o servicios y a quién.

Es relativamente fácil controlar la estabilidad de su plantilla a través de los anuncios que ponen para cubrir vacantes. Ten en cuenta que para disfrazar el crecimiento algunas compañías ponen anuncios para puestos temporales por bajas maternales, o incluso paternales ahora. Esto puede ser un modo muy inteligente de conseguir candidatos con un contrato a corto plazo y, si son aptos, hacer su contrato más a largo plazo, protegiendo así a la compañía de tener que conservar personal inadecuado y además ocultar el número de empleados nuevos a los ojos de la competencia.

Vigilar a la competencia es un modo seguro de mejorar tu oferta, pero tus propios clientes también pueden ser una gran fuente de información en este punto. Pedid y recibiréis. Para saber más, consulta la IDEA 48, ¿De qué te quejas?

Otra idea más...

Cuando estaba con Amazon contaba con un presupuesto semanal para comprarle libros a la competencia por Internet. ¿Por qué? Pues me gustaría creer que los de Amazon eran unos jefes increíblemente benévolos y sabían cómo conservar a un bibliófilo; sin embargo, la razón era mucho más inteligente, y no tenía nada que ver conmigo. Todos los lunes a las 11 yo tenía que hacer un pedido con cinco competidores, pedidos que iban llegando a lo largo de la semana. En cada uno de los albaranes/facturas había un número de envío o de referencia, y los de todas las compañías llevaban numeración secuencial. Así que, por el coste de unos cuantos pedidos, podíamos ver cuántos pedidos llevaba hechos la compañía, calcular el valor aproximado de todo el negocio y ver el número de pedidos que recibían a la semana. ¡Una ganga!

«Todo lo que necesitas en esta vida es ignorancia y confianza; entonces el éxito es seguro».
MARK TWAIN

La frase

¿Cuál es tu duda?

P **Parece que la competencia ha espabilado y han decidido adoptar numeración de envíos codificada. Los de finanzas se preguntan cómo sacar partido a esta información. ¿Hay otros modos de saber qué están haciendo?**

R *Incluso aunque no podáis determinar las cifras de ventas de la competencia todavía podéis vigilarlos por otras cosas. Al tiempo que controláis su habilidad para confirmar pedidos y envíos, haced un seguimiento de cualquier duda que pueda surgir sobre servicio al cliente y, si devolvéis el producto, ¿qué tal es el servicio?*

P **¿Nos va a dar alguna información más el hecho de hacerle pedidos a la competencia?**

R *También podéis ver a qué tipo de acuerdos han llegado con terceros, si es que han hecho alguno. ¿Hay algún tipo de folleto dentro de vuestro pedido que haga publicidad de bancos o tarjetas de crédito? ¿De dónde más está consiguiendo ingresos la competencia? ¿Podrías tú hacer lo mismo? Otro método excelente es emplear gente que haya trabajado para la competencia; van a poder decirte muchísimo sobre las personalidades y procesos involucrados. Los de ventas y marketing son especialmente útiles para esta tarea, ya que están en la parte más complicada del negocio y tienden a ser competitivos. Ahora trabajan para ti y probablemente quieran superar a su antigua empresa.*

28

Visión periférica

La variedad es la sal de la vida. Desde el momento en que empiezas a crear el plan empresarial es aconsejable explorar todas las maneras posibles en las que el negocio puede dar dinero.

No se trata de meter baza en todo y meterte en un lío. Es asegurarte que estás maximizando los beneficios para ti y tu negocio.

Aunque el punto fuerte de una planificación empresarial suele girar en torno al valor principal de tu negocio, los empresarios inteligentes no se conforman con una sola vía. Puede ser que te apetezca añadir un servicio de página web o de venta por correo al plan empresarial como una manera aparentar ser un negocio más multicanal y actual. O tal vez quieras incluir los otros canales de venta como una opción seria para ganar dinero, aunque no estés realmente comprometido en el tema por no dotarlo de suficiente personal o vías de desarrollo. Pero estas sencillas actividades pueden convertirse, a veces muy rápidamente, en uno de tus puntos fuertes y deben ser planificados desde el principio. A pesar de tu confianza en que en tu tienda se vendan un número x de juegos de ajedrez a la semana, puede que no estés en una zona concurrida (no haya suficiente clientela de paso) que mantenga a flote el negocio. Tu página web, diseñada

Una buena idea...

Si estás pensando en regentar una tienda o una empresa de catering, haz folletos o mini catálogos que exhiban una selección de tus productos o promociones. Ahora negocia una hoja suelta en la próxima edición del periódico local gratuito. Si promocionas la dirección, el teléfono o la dirección de la página web de la empresa (o una combinación de los tres) enseguida se verá si hay un mercado potencial para un negocio de venta por correo o, en el campo de catering, pedidos de servicio a domicilio o para grupos grandes. Esto podría abrir tu negocio a un buen número de canales de ventas.

y construida por unos pocos euros por la insistencia de tu sobrino, puede resultar un rotundo éxito en la historia de tu empresa si las ventas exceden las expectativas. No te subestimes, ni a ti ni a tus canales de ventas. Si estas pensando en tener varios canales de venta, entonces planifica cada una de ellas con el mismo mimo y atención que pusiste en tu principal objetivo empresarial.

LAS HABILIDADES DEL PERSONAL

Trata tus propias habilidades y las de tu personal con una actitud completamente mercenaria. Si tú o un miembro de tu personal estáis dotados para la pluma, arrienda vuestros talentos a otras compañías. Al utilizar la infraestructura de la empresa para asegurarte el trabajo puedes cobrar unos honorarios bastante saneados y justificar la división de los ingresos entre el autor y la empresa.

¿Está tu negocio en condiciones de prescindir de un empleado una tarde a la semana para que dé una charla o acuda a una feria de muestras o a otras organizaciones? De nuevo, utilizar los recursos del negocio para promover estos talentos supone unos mayores ingresos para todos los implicados.

La frase

«Desconfiad de aquél que incita a una acción para la cual él mismo no se arriesga.»
JOAQUIN SETANTI, filósofo

Hay muchas formas de ganar dinero extra vendiendo las habilidades de los miembros de tu personal a otras empresas; pero recuérdales que aunque pudieran ganar más trabajando como autónomos a tiempo completo, podrían tardar años en conseguir los suficientes contactos como para poder trabajar de manera estable. Si trabajan para ti así, aumentan sus ingresos sin correr riesgos.

Encontrar un local adecuado donde regentar tu negocio puede ser terreno minado. Para saber más, consulta la IDEA 7, *Encuéntrale un buen sitio.*

Otra idea más...

EL ESPACIO QUE TE RODEA

Cuando compras o alquilas un local, con frecuencia se alcanzan unas cantidades, que ya puestos, suponen que por muy poco más puedes ganar muchísimo espacio extra. Si el espacio excede tus necesidades, subarrienda parte del edificio a un particular o a una organización a un precio competitivo. En proporción, tú vas a recuperar una gran cantidad de lo que pagas por el alquiler mientras que sólo sacrificas una pequeña cantidad de espacio. Pero ten cuidado, si tus subarrendados se arruinaran en una recesión, vas a acabar teniendo que pagar todo el alquiler. Esto puede pasar, y de hecho pasa, así que ten cuidado con quiénes eliges como arrendatarios y los acuerdos a los que llegas con ellos. Con frecuencia las tiendas son más fáciles de alquilar en tiempos difíciles; importa menos si pierdes un arrendatario cuando hay muchos a la cola deseando ocupar su puesto.

«Si no tenemos éxito, corremos el riesgo de fracasar».
DAN QUAYLE

La frase

121

¿Cuál
es tu
duda?

P **Tenemos miembros de nuestro personal que son fantásticos para las promociones. ¿Cómo podemos venderles sus servicios a los demás?**

R *Con frecuencia podéis conseguir buenos contactos en las ferias de muestras, incluso con firmas que ya conozcáis. Si ven a los vuestros en acción y les impresionan, ¿por qué no ofrecerles un paquete de marketing y promoción para la siguiente exhibición?*

P **Nuestro negocio anda un poco justo de efectivo y esta promoción va a llevarse una gran parte de nuestro presupuesto para marketing. ¿No es un poco arriesgado?**

R *En algún momento ibais a tener que poner un anuncio en el periódico local, de todos modos. Los anuncios no son baratos, y un cuarto de página en un periodicucho local puede salir increíblemente caro. Una hoja suelta es a veces más efectiva, y si te quedas con 1000 para repartir como folletos, vas a disfrutar de las ventajas de dos formas de promoción por el precio de una.*

P **Nos parece que los folletos son un poco horteras. ¿No podría esto dar una mala impresión a los clientes?**

R *Los folletos no tienen que ser los típicos de siempre; hay muchísimas innovaciones, como hacerlos en relieve, con forma de tarjeta de crédito, utilizar diferentes motivos dependiendo de a la estación e incluso con forma de trípticos. Un buen diseño y un buen material dan como resultado fantásticos folletos.*

29

Acción y reacción

Cuando se monta un negocio debes esperar contratiempos; a nadie le sale perfecto a la primera, jamás. El secreto del éxito está en cómo reaccionamos ante los problemas.

Salir corriendo ante la primera factura sorpresa o un retraso en el programa no es una buena reacción; no tiene sentido huir cuando se está comprometido y no soluciona nada.

LOS BUENOS TIEMPOS

Cuando todo va según lo previsto y parece que la vida no puede ir mejor, haces bien en felicitarte a ti mismo por tu buena planificación y grandes dotes para la organización, pero el peligro está en que te vuelvas demasiado autocomplaciente y arrogante. El éxito se produce cuando nos mantenemos centrados en el trabajo que tenemos a mano. No te olvides de recordarte a ti mismo que cada semana, cada mes y cada trimestre pueden surgir toda una serie de obstáculos y contratiempos que desbaraten tus planes de dominar el mundo y de tener un yate lleno de esculturales bellezas.

La mayoría de los problemas que tienen que afrontar los negocios se reducen a problemas de flujo de caja. Cuando los tiempos son buenos y las cosas van sobre ruedas es realmente prudente reservar dinero para una posible época de vacas flacas que podría

Una buena idea...

Recopila artículos de la prensa local, nacional e internacional que traten sobre negocios que van mal o ya se han hundido. A la prensa se le da muy bien dar todo lujo de detalles que los negocios no querrían airear: desde escándalos multinacionales que implican la destrucción «accidental» de importantes datos financieros a rivalidades internas y retorcidos triángulos amorosos. Sé consciente de todos los peligros potenciales desde el principio y asegúrate de evitarlos.

estar aguardando a la vuelta de la esquina. El hecho de privarte de gastar todo euro que cae en tus manos no va a obstaculizar el desarrollo de tu negocio, porque, seamos sinceros, si consigues sobrepasar tus objetivos todos los meses pronto el «bote» será lo bastante grande para un siglo de vacas flacas, no sólo una época. ¿Qué hay mejor que regalarte un aumento de sueldo después de todo ese duro esfuerzo?

LOS MALOS TIEMPOS

Cualquier contratiempo en los primeros días de creación y lanzamiento de un negocio puede afectar mucho a las personas implicadas. Estás dando lo mejor de ti mismo, has invertido tiempo, dinero y esfuerzo en levantar el proyecto y alguien, en alguna parte, no está firmando el contrato de arriendo que necesitas para el local, o no te ha traído la máquina para las tarjetas de crédito a tiempo para la inauguración. Son momentos que ponen a prueba y, aunque tal vez te sintieras mejor si te pusieras a gritar y a despotricar, eso no va a mejorar la situación. Aprende de los reveses lo mismo que de los triunfos. Si las cosas tardan más de lo previsto en arreglarse y organizarse reajusta todos los cálculos referentes a fechas futuras para que se acoplen a estos retrasos imprevistos.

La frase

«Las finanzas son el arte de pasar monedas de una mano a otra hasta que al final desaparecen».
ROBERT W. SARNOFF, magnate de los medios de comunicación estadounidense.

126

Es mucho menos perjudicial si los errores se cometen en los primeros tiempos del negocio que cuando ya llevas muchos años. Cuando eres nuevo es menos probable que tus errores aparezcan en la prensa, y si los errores se refieren a flujo de caja y puedan ser bastante significativos en ese momento, normalmente

Es posible mantener los contra-tiempos a raya en todos los años que sigas en el negocio. Para saber más, consulta la IDEA 51, _La aventura del Poseidón._

Otra idea más...

hay formas de solventar el problema. Y lo que es más importante, si aprendes de los problemas es menos probable que el episodio se repita de nuevo.

El secreto de sobrevivir en el mundo de los negocios está en controlar el flujo de caja. Psicológicamente es siempre más fácil gastar que ahorrar, y las compañías lo hacen tanto como los particulares; eso significa que todos tus proveedores, clientes y competidores lo están haciendo; pero tú eres el que se va a quedar fuera si no estás alerta. Intenta establecer sistemas que aseguren que es la otra compañía la que asume el gasto extra en cualquier acuerdo; por ejemplo, contratos con cláusulas de penalización ante retrasos de proveedores, tratos donde la otra parte paga los gastos bancarios y términos de pago en efectivo para la mayoría de los clientes, ayudarían a aliviar un poco la presión.

P **He intentado recopilar historias de problemas empresariales como sugeriste, pero todas las que he encontrado se refieren a corporaciones enormes que han perdido millones y millones. Mi negocio sólo pretende facturar 300.000 euros al año. ¿Cómo se puede establecer una comparación?**

¿Cuál es tu duda?

R _Haz caso omiso de las cantidades implicadas y fíjate sólo en lo que fue mal. Si un directivo fue ambicioso y se embolsó 24 millones, lo mismo puede pasarte a ti con un gerente que vaya metiendo la mano en la caja chica todas las semanas (pero probablemente robando un poco menos de 24 millones). Con_ frecuencia las grandes corporaciones quiebran porque asumen riesgos innecesarios, como invertir en un país en vías de desarrollo con un sistema legal deficiente y un gobierno corrupto, o utilizar instrumentos financieros que no comprenden. Lo mismo puede aplicarse a las compañías pequeñas; las cosas van mal cuando se es descuidado o demasiado confiado.

P **Ninguno de los artículos parece mencionar compañías de nuestro sector. ¿Me sirven para algo?**

R *Los negocios son los negocios, y ya sea que vendas plátanos o seguros, todos fracasan por las mismas razones.*

P **¿Hay alguna forma de evitar problemas de flujo de caja?**

R *En la mayoría de los negocios se dan de cuando en cuando. El truco está en anticiparse a ellos antes de que ocurran. Tu banco te va a adorar si les informas de que necesitas un préstamo temporal antes de que se dé la crisis, porque demuestra que estás actuando responsablemente. Se pueden evitar muchos problemas durante la negociación del acuerdo inicial; una vez que te hayas comprometido es más difícil enfrentar los problemas de flujo de caja imprevistos. Intenta obtener una buena línea de crédito del banco y de otra parte y, cuando te estés expandiendo, ten especial cuidado. Muchos negocios quiebran paradójicamente por «un exceso de ventas», lo que generalmente se traduce en vender demasiadas cosas a crédito y quedarse sin efectivo.*

30

Soy todo oídos

Lo natural con cualquier idea nueva es querer hacerlo casi todo nosotros solos, pero ser demasiado orgulloso puede conducir al desastre. Busca quien te dé buenos consejos gratis; si tú no lo haces, seguro que lo hará la competencia.

Dirígete a organizaciones con experiencia en el campo del desarrollo empresarial en busca de consejo, y lee libros técnicos serios sobre finanza corporativa y decisiones de inversión. Los negocios son un área donde la teoría sí resulta ser aplicable en la práctica.

NI UNA PALABRA

Debe existir cierto elemento de reserva al montar un negocio. Cuanta menos gente conozca los detalles específicos, menos probable es que otro particular u otra empresa te robe tu idea. Pero también tienes que dar a conocer tu negocio desde el principio. No

Ponte en contacto con al menos una organización de tu zona y concierta una cita para determinar en qué medida pueden ayudarte a conseguir tus objetivos. Media hora de charla suele ser suficiente para conseguir consejos útiles y detalles de contacto de particulares y organizaciones que también te van a ayudar a poner en marcha tu negocio.

debes divulgar información importante a cualquiera, sino que debes entablar conversaciones con profesionales que, ya sea pagando o de manera voluntaria, te ofrezcan asesoría para tu empresa. ¡Hay una gran diferencia entre ambas cosas!

¿QUÉ SE OFRECE?

Según dónde te encuentres y la naturaleza del negocio que estés pensando montar, puede que consigas obtener cualquier cosa, desde una subvención en efectivo, a exenciones impositivas, pasando por asesoramiento financiero y apoyo moral. Es tu responsabilidad, como persona que conduce el negocio, investigar todas las opciones y, si es posible, llegar a conocer tantas posibles «manos amigas» como puedas.

¿DE QUIÉN?

Lo mejor es empezar con una búsqueda en Internet. Enseguida aprenderás a apreciar la miríada de organizaciones que existen por ahí sólo para apoyar a las empresas. Algunas buscan beneficio y otras ofrecen sus servicios gratis. Lo que hay que pagar no tiene necesariamente que valer más que lo que se da gratuitamente. En España hay unas cuantas búsquedas que te van a ayudar a emprender el camino y que incluyen enlaces empresariales, como www.apymes.es, las Cámaras de Comercio, la Agencia Tributaria, los Colegios Profesionales, y las páginas web de los ayuntamientos y comunidades autónomas.

¿POR QUÉ?

Tanta ayuda para montar un negocio se cobra su precio. Puede parecer extraño que particulares u organizaciones estén dispuestos a ser tan benévolos, pero recuerda que reciben financiación de alguna parte (normalmente del gobierno a través de los impuestos) y por tanto de una manera indirecta llevas años pagando por su asistencia; serías tonto si no te lo cobraras ahora. También podemos llegar a obcecarnos con nuestras propias habilidades. Aunque es bueno tener confianza y pasión por el negocio, involucrar a una tercera persona u organización puede suponer que vamos a poder añadir más buenas ideas a la mezcla. ¿Por qué no darle al negocio más posibilidades de éxito?

Además de recurrir a otros en busca de consejo, lo normal es que tengas tu propio historial de éxitos y fracasos. Es igualmente importante que los conserves en la memoria para evitar que vuelvan a producirse errores similares. Para saber más, consulta la IDEA 29, *Acción y reacción.*

Otra idea más...

«*Un buen consejo es algo que da un hombre cuando es demasiado viejo para dar mal ejemplo*».
FRANÇOISE DE LA ROCHEFOUCAULD

La frase

131

¿Cuál
es tu
duda?

P No me sentí demasiado cómodo en la reunión porque la persona con quien estaba reunido no paraba de tomar notas. ¿Podría ocurrir que todo mi trabajo y planificación acabara en manos de un rival?

R *Eso es muy improbable. El tomar nota normalmente significa que la persona con la que te reuniste estaba interesada en lo que le estabas contando. Seguramente vayas a recibir una llamada en unos días ofreciéndote más consejo y algunos contactos extras.*

P La persona con la que tengo que reunirme ya me ha dicho que no tienen ninguna experiencia en negocios al por menor. ¿Entonces para qué ir?

R *De algún modo el negocio es simplemente negocio y aunque no tengan experiencia en tu sector estarán familiarizados con lo que todos los negocios necesitan al empezar, es decir, un plan empresarial sólido y una buena gestión del flujo de caja. Reúnete con ellos y toma tus decisiones.*

P Me parece que la mayoría de las agencias gubernamentales que se supone que ayudan a los negocios no valen para nada. ¿De verdad que la Cámara de comercio puede ayudarme?

R *¿Cuándo fue la última vez que trataste con estas corporaciones? Te darás cuenta de que la cosa ha cambiado mucho.*

31

Juanita Calamidad

Cuando cada céntimo cuenta, puede parecer extraño reservar un gran porcentaje del capital circulante para la época de vacas flacas, pero es necesario hacerlo.

Si eres demasiado cauto en tu proceder, el negocio no tendrá ninguna posibilidad de triunfar: ¡mejor ir de puntillas que a gatas!

Todo el dinero que pidas prestado, si es posible, debe estar respaldado por alguna de tus posesiones, aunque el prestamista no te está pidiendo ese tipo de provisión. Sí, siempre puedes declararte en bancarrota si todo fuera terriblemente mal, pero si de veras crees en el negocio que estás creando, nunca deberías tener que llegar a la situación de tener que declararte en bancarrota. Si le estás prestando la suficiente atención a puntos esenciales como el flujo de caja, verás el desastre antes de que suceda o mientras está sucediendo y podrás reaccionar en consecuencia en lugar de reaccionar después de que pase.

Una buena idea...

Tómate un tiempo para examinar los trabajos que se anuncian en la prensa nacional y busca las habilidades y experiencia exigidas para los puestos que te interesaría solicitar si estuvieras en el mercado. ¿Hay algo que podrías estar haciendo ahora mismo (formándote mientras estás en el negocio, por ejemplo) para asegurarte que mejoras tus habilidades comerciables?

Hay veces en que el riesgo de abrir un negocio implica que tienes que poner absolutamente todo en juego, incluidos tu coche, tu casa, los niños, el perro y cada céntimo que tengas ahorrado. Eso no es demasiado inteligente. Si la idea es tan buena, hay otras fuentes de inversión a tu disposición. Aunque el banco tenga buena opinión de ti por demostrar tal grado de compromiso, no van a estar ahí para aplaudirte si todo sale mal; de hecho van a ser quienes van a quedarse con tu casa y con tu coche. Evita esto por todos los medios.

Conforme pasan los años y te encuentras en condiciones de decir que diriges un negocio consolidado, no pierdas de vista el mercado en constante evolución. Cuando creaste tu plan empresarial seguramente empleaste mucho tiempo y esfuerzo estudiando el mercado en el que ibas a entrar y la competencia que había en aquel momento. Tras un periodo de meses y

La frase

«*Primero sopesa la situación, después asume los riesgos*».
HELMUTH VON MOLTKE, general del ejército alemán

años, el mercado evoluciona; los consumidores son volubles y reaccionan de modo diferente ante los modelos de precio según los tipos de interés, y lo que ganan. Los competidores consolidan sus ganancias y a veces las multiplican. Toda esta lucha altera la situación en un momento dado. Tener bien controlado el sector debe ser una preocupación constante para cualquiera que esté en el mundo de los negocios. Lo que no deberías hacer en ningún caso, aunque resultara un ejercicio muy valioso, es trabajar pensando en que va a salir mal. Si, por lo que sea, el negocio fracasa, bien puedes volver al mercado laboral en busca de un techo donde refugiarte y pan para poder alimentar a tu familia. ¿Cómo lo harías?

Aún usando la mejor de las planificaciones a veces las cosas van mal, y la cuestión entonces es cómo arreglar la situación. Para saber más, consulta la IDEA 51, *La aventura del Poseidón*.

Otra idea más...

«Asumid riesgos calculados. Es muy diferente de ser temerario».
GEORGE S. PATTON, general del ejército estadounidense

La frase

¿Cuál es tu duda?

P **Como ahora soy director general no creo que tuviera mucho problema en reincorporarme al mercado en unos años. Seguramente ese ejercicio no se puede aplicar a mi situación, ¿verdad?**

R *Con lo barato que es constituir una sociedad, cualquier persona mayor de edad puede convertirse en director general. Hubo un momento en que yo era el director general de tres compañías al mismo tiempo, pero eso no significa gran cosa, es sólo un título. Quien vaya a contratarte en un futuro va a estar más interesado en lo que has hecho y lo que puedes aportar a su organización que en el título que te diste a ti mismo. En el mundo de los negocios hay mucho tonto que se quiere dar importancia; para el ojo experto son muy evidentes. No seas uno de ellos.*

P **Realmente no nos podemos permitir la formación. ¿Hay alguna forma más económica de hacerlo?**

R *Por supuesto. Lo primero es intentar intercambiar habilidades dentro de la empresa. No hay razón alguna por la que todos los miembros del equipo de gestión no deban aprender a usar el software de contabilidad de la compañía. No sólo se mejoran las habilidades y el conocimiento, sino que será menos problema si el que lleva los libros de contabilidad se pone enfermo o deja el negocio.*

32

Robar a Pedro (para pagar a Juan)

En un mundo perfecto tus clientes te pagarían antes de que tú tuvieras que pagar a tus proveedores, pero pocas veces funciona así. Para mantenerte a flote necesitas gestionar el flujo de caja.

En la mayoría de los negocios te verás abocado a gastar antes de que te paguen. La gestión efectiva del flujo de caja consiste en asegurarte de que tienes más dinero entrando que saliendo.

Para que se pueda dar una venta necesitas encargar productos y materiales, proporcionárselos a los clientes, facturarlos y, en muchos casos, esperar a que te paguen. Para eso necesitas una plataforma de venta (una tienda, un despacho o una página web) y personal; y todo esto que cuesta dinero.

Entonces, ¿cómo funciona realmente? Haces el pedido de los productos y los servicios que necesitas y se los vendes a tus clientes; pero lo que determina tu flujo de caja son las condiciones que estableces con ambas partes. Una buena gestión del flujo de caja aumenta la rentabilidad y es un elemento clave para asegurarte de que el negocio sobreviva.

Una
buena
idea...

Intenta ajustar para tu beneficio el sistema de crédito que ofreces a tus clientes. Para negocios al por menor la mayoría de los pagos son instantáneos, pero también existe la opción de cobrar un depósito por un material que todavía no has encargado. Para los negocios comerciales reduce los términos a 7 o 14 días en lugar de los habituales 30. Es sorprendente cuántas compañías pagan sin armar revuelo

Tu misión, en pocas palabras, consiste en intentar usar el dinero de los demás para cubrir tus gastos. Si puedes conseguir esto serás rico en tesorería y estarás en una posición saneada. Si fuera posible, obtén pago inmediato por parte de tus clientes antes de servirles el producto o servicio. Si, al mismo tiempo, puedes pagar a tus proveedores en un periodo más largo (normalmente 30 días, pero a veces 60 o 90 días) tendrás un flujo de caja muy saneado. Consigue esto y tal vez el merecido retiro y la portada del *Emprendedores* no estén tan lejos como parecen.

De vez en cuando es posible extender tus relaciones bancarias y con ello la posibilidad de pedir más préstamos. Al abrir cuentas bancarias separadas para trabajar con cada uno de tus canales de venta, como ventas por internet, venta por correo o el mercado internacional, existe la posibilidad de crear relaciones múltiples con los bancos, lo que te va a dar más acceso a préstamos y créditos. Mientras que no fuerces el negocio y los préstamos y los descubiertos se puedan cubrir con los ingresos de cada uno de los canales de venta, no te estás saltando las reglas, sólo le estás dando más opciones a tu negocio.

La
frase

«Es mejor tener un ingreso permanente que ser fascinante».
OSCAR WILDE

Por definición, un negocio nuevo no tiene historial ni despierta simpatías en las firmas con las que trata. Aunque aportes años de experiencia personal al tema, la triste realidad es que cuando se trata de pagar facturas lo vas a pasar bastante mal en tu primer año. Los proveedores te van a exigir que les pagues el primer pedido por adelantado. El banco puede sentirse reacio a concederte las facilidades de descubierto o la póliza que les pides. Muchas, si no todas, de las máquinas o aparatos que necesitas para el negocio deben adquirirse ahora y tendrás que pagar la fianza del alquiler del local, comprar cosas a plazos o con otro tipo de acuerdos

Es importante tener en cuenta el flujo de caja desde los primeros días de la planificación del negocio. Comprender las reglas del flujo de caja va a alterar la apariencia de tus proyecciones. Para saber más, consulta la IDEA 6, *Nadie regala nada*.

Otra idea más…

de compra. En resumen, tu primer año va a salirte muy caro, pero necesitas conseguir que te salga barato hasta que consigas que tus ingresos aumenten. El resultado neto es que vas a necesitar ganar mucho más en tu primer año que en los subsiguientes, simplemente para compensar. Calcula que te vas a quedar sin blanca en el primer año. El mundo de los negocios está hecho para hacerle la vida imposible a un negocio que empieza. El truco está en aguantar hasta que empieces a ganar más de lo que gastas. ¡Debes recorrer el difícil camino hasta el fabuloso mundo de la rentabilidad!

Llegó la hora de poner a prueba tus facultades negociadoras e intentar sacar los términos más favorables posibles para tu negocio. Aunque te cueste trabajo convencer a tus proveedores en tu primer año de que te hagan alguna concesión en relación a sus condiciones habituales, por pedir que no quede. Independientemente de dichas condiciones, no te olvides de pagar a tiempo; si no lo haces, te estarás metiendo en un lío.

«Cuando un hombre te diga que se hizo rico gracias al trabajo duro, pregúntale: «De quién?».
DON MARQUIS, escritor

La frase

¿Cuál
es tu
duda?

P   **Visto lo injustamente que nos tratan nuestros proveedores, nos parece mal presionar a nuestros clientes a pagarnos antes de 30 días. ¿Tenemos razón?**

R   *¡Dejaos vuestras tendencias paternalistas en casa! Estamos haciendo negocio y asegurarte de que tu flujo de caja es positivo es más importante que preocuparte de otra compañía o de un particular. Si la compañía se queja, vuelve a los 30 días para mantener buenas relaciones con ellos, pero si no es así disfruta empleando su dinero en más existencias o en tu salario.*

P   **Uno de nuestros proveedores nos ha ofrecido unas condiciones mejores, pero perdemos el 5% de descuento por «pronto pago». ¿Debemos aceptar el trato?**

R   *Probablemente no, a menos que puedas absorber el coste extra dentro de tus márgenes. Quieres el precio más barato posible y si eso significa pagar pasados 30 días en lugar de 60, pues adelante. Sin embargo, ¿es ese 5% un descuento «real» o hay otros proveedores cuyo precio normal sea de un 5% menos? Sé tacaño, y haz lo que sea necesario para reducir el coste de tus suministros cuanto puedas sin comprometer la calidad. Si los precios son caros en occidente, ¿has probado a comprar en China, Indonesia o Taiwán? Te sorprenderías del dinero que puedes llegar a ahorrarte.*

33

Pensar a lo grande

**Existe la posibilidad de que el negocio sea un gran éxito.
¿Te sientes preparado física y mentalmente para asumirlo?
¿Qué harías si la cosa se dispara?**

Muchos manuales que tratan de cómo montar
y dirigir negocios se centran en la prudencia y la seguridad. En la mayoría de los casos es un buen consejo, para
también es inteligente pensar cómo manejaríamos un gran
crecimiento del negocio.

No empieces a celebrarlo todavía; ¡aún queda mucho que hacer! Aunque pueda parecer absurdo hacer proyecciones financieras para los próximos tres años cuando no se
lleva trabajando en el negocio ni un solo día, tres años en realidad no es tanto tiempo.
De hecho, en cuanto el negocio se ponga en marcha y empiece a funcionar, los días
rápidamente se hacen meses y entonces, antes de que te des cuenta, estás preparando
las cuentas del primer año. Por eso planificar, o al menos ser consciente de que los
años van pasando, es una manera sensata de llegar al éxito. Lo ideal sería que mientras
logras que tu negocio crezca, también consolides tu posición. Aunque aumentar tu
cuota de mercado puede ser una prioridad, y lleva asociado un coste muy significativo,

Una buena idea...

Lleva tus proyecciones de mercado más allá y replantéate tus costes de empleo, variables y fijos, de manera que reflejen cómo se verían afectados tus gastos en caso de un repentino crecimiento. Los números pueden parecer asombrosos, pero vas a ver cómo te las arreglarías y la cantidad que tu negocio podía llegar a facturar en cuestión de 3 años.

si hiciste una buena compra al principio, ya deberías estarte recuperando de los costes iniciales de montaje (la maquinaria del negocio y el local), que estarían empezando a compensarte de aquella inversión inicial.

Hay veces que una suerte enorme y estar en el sitio apropiado en el momento apropiado hacen que lo que de otro modo hubiera sido un negocio relativamente modesto se convierta en un éxito arrollador. A veces pasa que un negocio nuevo impacta a los clientes de tal manera que no saben cómo se las arreglaran antes de que el negocio apareciera. Es posible dar con la clave del éxito. Ayuda el tener siempre en mente qué es lo que la gente puede necesitar de aquí a tres años. Pon tu mente a trabajar horas extras e intenta calcular todas las posibilidades.

Todo el mundo te va a advertir de que estés preparado para el futuro, por si las cosas no van tan bien como se habían planeado. Comprometerte con contratos de alquiler a largo plazo puede ser peligroso. Pero visto desde el lado del éxito se puede decir que no deberías comprometerte para demasiado tiempo por si las cosas se disparan. Si de repente te encuentras con que necesitas espacio adicional, deberías poder recoger, marcharte y alquilar un local mucho más grande. Esto va a salir mucho más barato que tener que pagar el alquiler de dos propiedades, por no mencionar los problemas asociados con varias sedes, como problemas de comunicación y la mentalidad de «ellos y nosotros» que se puede crear entre el personal.

La frase

«No existe el secreto del éxito. Es el resultado de la preparación, el trabajo y aprender de los errores».
COLIN POWELL

También es aconsejable echar mano de la bola de cristal para ver más allá del pueblo o ciudad donde estáis actualmente instalados. Aunque puede que hayas decidido tu ubicación actual para minimizar costes y evitar que tú y tu personal tengáis que trasladaros, puede que el entorno se te quede pequeño y necesites mudarte. La primera vez que creaste tu plan empresarial, incluyendo una provisión para una plantilla de cincuenta miembros

Intentar calcular qué va a pasar en tres o más años es un proceso difícil, sobre todo si todavía no has empezado a funcionar, pero necesitas hacerlo. Para saber más, consulta la IDEA 5, ¿Cómo andas de cuentas?

Otra idea más...

para un periodo de tres años, pudiste haber parecido un poco ambicioso, y quizás lo fuiste. Pero, ¿qué hubiera pasado si tus necesidades de personal hubieran aumentado a quinientos? ¿Podría el mercado local satisfacer tus necesidades de personal, en términos de cantidad y de preparación? No pierdas de vista otras partes del país, sobre todo en lo que concierne a posibles ayudas y subvenciones disponibles para promover empleo en ciertas áreas.

Para prepararte ante la eventualidad de un crecimiento masivo en los próximos tres años merece la pena emplear algún tiempo en la creación de proyecciones financieras «fantasmas» que contemplen todas las situaciones posibles. Utiliza las proyecciones financieras que ya tengas como plantilla, altera las cifras de ventas para que reflejen un crecimiento del 100%, del 500% y del 1000% más del que estás previendo actualmente.

P   **¿Eso no es hacerse ilusiones? ¿No sería mejor concentrarse en las cifras reales?**

¿Cuál es tu duda?

R   *Sí y no. Suponiendo que tus hojas de cálculo financieras sean fáciles de alterar, el ejercicio en sí no lleva nada de tiempo. Si las cifras muestran que necesitas un miembro más del personal por cada 10% de aumento en el volumen de ventas, por ejemplo, ya has logrado información muy útil.*

P   **¿Merece la pena enseñarle estos documentos a un gerente de banco para que nos ayude a pedir más dinero?**

R   *Probablemente no. Las proyecciones originales que hiciste basadas en tu conocimiento del mercado, el capital real que tienes que gastar y el número real de miembros del personal que tienes actualmente en nómina son los documentos sobre los que un prestamista va a evaluar tu negocio. Esas proyecciones «fantasmas» son sólo herramientas para que conozcas mejor el negocio.*

P   **Dices que no se tarda mucho pero yo llevo días con estas proyecciones «fantasmas». Todo parece reducirse a un aumento masivo en las ventas, pero si las ventas fueran tan enormes nos ganaríamos competidores. ¿Cómo tengo en cuenta los diversos factores?**

R   *Imagina que eres un marciano y distánciate de estas proyecciones. Tienes razón, un repentino aumento en las ventas puede no ser sostenible a causa de la competencia y otros factores. A través de un análisis minucioso puedes diseñar diversas tácticas que adoptar en diferentes puntos del proceso. Por ejemplo, emplear de repente 500 personas es un compromiso enorme, y requiere ayuda financiera adicional. ¿Cómo la obtendrías? Si las ventas se vienen abajo después de seis meses, ¿qué harías con toda esa gente? Escribe el análisis de manera que puedas remitirte a él si las circunstancias cambiaran.*

34

Estoy hecho un chaval

Trasnochar mucho, madrugar mucho y no cuidar la dieta puede funcionar cuando eres un estudiante, pero ya somos mayores y tenemos que cuidarnos.

Forzar la máquina nunca sale bien; destrozar tu salud puede tener consecuencias nefastas. Debes marcarte un ritmo y cuidar de tu cuerpo.

En el fragor de la batalla es fácil olvidarse de los principios básicos de la salud y el bienestar, pero montar un negocio es con frecuencia una experiencia terriblemente estresante. El peso de la responsabilidad y el tener que cumplir con unos objetivos auto impuestos afectan al cuerpo y la mente humanas de un modo que nunca habías experimentado hasta ahora. El estrés y la ansiedad son sin duda los males del momento, debido al número de personas que se solicitan una baja prolongada por estas causas. Si la mitad de ellos no tienen otra cosa que la cara muy dura es algo que sólo podemos suponer. Sin embargo, eso no debe minimizar el hecho de que de algún modo, ya sea grande o pequeño, el lanzamiento de un negocio te va a pasar factura. Ser consciente de esto es la mitad de la batalla para evitar que te afecte demasiado, sobre todo ahora que necesitas estar en excelentes condiciones y plenamente consciente de tu situación y de lo que te rodea.

Una buena idea...

Elige medio día a la semana para pasar con tu familia y amigos lejos de tu lugar de trabajo. Escoge un día de diario y asegúrate de que ninguna reunión se programa jamás para ese momento. No hables del negocio, ni de tus planes, o de lo que ha pasado por la mañana. Sólo disfruta de estar con tu gente.

Cuando se planifica un negocio, uno se plantea objetivos en función de lo que necesita ganar al mes, cuánto puede gastar y cuántos clientes espera poder servir en un periodo de tiempo dado. También es importante plantearte objetivos que sean alcanzables en un determinado momento. Las reuniones cara a cara son a veces una necesidad inevitable, pero una semana de esas reuniones te va a pasar factura a ti y a tu rendimiento. Intenta equilibrar tu semana laboral, incluso durante la preparación de un plan empresarial, de manera que diversifiques la carga y llenes el día con una variedad de tareas que requieran habilidades diferentes, en lugar de trabajar en una hoja de cálculo durante dieciocho horas de una sentada.

Lo oyes todo el tiempo: gente de negocios quejándose de que no tienen tiempo para comer en condiciones. Esto puede que les haga parecer mártires y ganarles el respeto de ciertos colegas, pero ¿qué están consiguiendo en realidad? No puedes esperar que el coche funcione sin echarle gasolina, entonces, ¿por qué tu cuerpo va a ser diferente? Hacer una pausa para desayunar o comer es tiempo que no empleas en el negocio, en efecto, pero con una buena comida digiriéndose en tu interior, te vas a

La frase

«Un puñado de paciencia vale más que una tonelada de cerebro».
PROVERBIO HOLANDÉS

148

sentir mucho más relajado y con más energía después para hacer un trabajo de calidad.

No puedes ignorar a tu sufrida familia. Crear un negocio puede, y a menudo así ocurre, convertirse en una obsesión, pero las relaciones con tu pareja, tu familia y tus hijos no pueden conectarse y desconectarse a capricho. No seas un extraño en tu propio hogar y asegúrate de que pones el negocio en suspenso de cuando en cuando para comunicarte con los tuyos. A menudo una pequeña pausa y concentrarse en otra cosa completamente diferente puede recargarte las pilas y prepararte para el día siguiente mucho más que repasar el plan empresarial por enésima vez.

Mantenerte en forma no significa que tengas que seguir un programa exhaustivo de gimnasio y squash. Haz lo que más te guste, no lo que esté de moda. Si bailar salsa o remar es lo que te gusta, ¡pues hazlo! El ejercicio debe resultar divertido si vas a hacer de él una costumbre.

Otra idea más...

Si vas a trabajar con otra persona entonces es importante conocer y comprender su idoneidad para el puesto tanto como comprender la tuya. Para saber más, consulta la IDEA 42, *Rodéate de ganadores*.

La frase

«*Nuestra paciencia conseguirá más que nuestra fuerza*».
EDMUND BURKE

149

¿Cuál es tu duda?

P **No veo realmente viable tomarme una tarde libre durante la semana. Si el negocio no está listo a tiempo, todo habrá sido en vano. ¿Por qué no hacerlo el fin de semana?**

R *No. Eso debe ser adicional a tomarte el sábado o el domingo libre. En el negocio al por menor te recomiendo el martes. El trabajo se hará si te centras, y un poco de tiempo libre te va a ayudar a centrarte.*

P **Mi pareja trabaja a tiempo completo y mis hijos están en el colegio, así que ¿qué sentido tiene?**

R *El tiempo libre es la razón. Si realmente no hay forma de estar con tu familia o amigos, entonces relájate con una película o un libro, o mejor, ya que estás todo el tiempo pensando en tu nuevo negocio, dime, ¿cuándo fue la última vez que limpiaste la casa?*

P **Mi pareja tiene un trabajo muy estresante y no es capaz de relajarse, así que nunca estamos relajados cuando estamos juntos. La verdad, ¡prefiero estar trabajando!**

R *Bueno, quizás los dos necesitéis tomaros un tiempo para buscar la forma de reorganizar vuestras vidas. Si tu pareja está ganando una fortuna y dice que el dinero bien merece el estrés un par de años más, entonces quizás tú deberías esperar antes de montar el negocio. O si los dos pensáis que tu negocio es más importante, entonces tu pareja debería pensar en buscar un trabajo más tranquilo.*

35

Uno de los elegidos

Hay muchos concursos de ideas de negocio. Si ganas alguno, o al menos te encuentras entre los finalistas, tu negocio conseguirá propaganda adicional y te darás a conocer.

Hacer negocios es competir, y perder la oportunidad de medirte con otras organizaciones del gremio es una locura... ¿o es cobardía?

Cuando estás montando un negocio participar en un concurso es probablemente la última cosa que tienes en mente, pero no debería serlo. Probablemente debas tener abierto el negocio para poder participar, pero, ¿vas a esperar hasta entonces para hacer el papeleo? Una vez que te pongas a trabajar no vas a tener tiempo de rellenar formularios. Averigua ahora qué se ofrece por ahí y estate preparado, aunque queden aún once meses de plazo. Puede que tengas que retocar las cifras un poco una vez que los clientes reales empiecen a gastar dinero real, pero eso no supondrá más de una hora de trabajo.

Una buena idea...

Examina los periódicos locales e internet en busca de concursos de ideas de negocio que se celebren en tu zona. Normalmente son locales o comarcales, aunque también hay premios nacionales e internaciones a mano. Si el plazo de solicitud es demasiado pronto, o si existe algún requisito de que debes llevar en el negocio X meses o años, no te olvides de apuntar la siguiente fecha en la que sí puedes participar en tu agenda, si no se te olvidará.

¿QUÉ ES LO QUE QUIEREN?

En términos relativos, muy poco. Con frecuencia el proceso de solicitud exige simplemente que presentes unos documentos que ya habrás comenzado o completado: un resumen ejecutivo, un plan empresarial y algunos datos financieros. Los jueces con frecuencia buscan una visión profesional y quieren convencerse gracias a tu pasión, que el negocio se puede llevar a cabo. En algunos concursos el énfasis está en la innovación o en el uso de tecnología web para cambiar las vidas de la gente, pero todos buscan lo mismo: una nave bien organizada, una dirección clara y ambición por ganar y triunfar.

PERO, ¿POR QUÉ?

El proceso de solicitud dará a conocer tu nombre a la organización que dirige el concurso. Si tu solicitud tiene éxito y tu negocio es preseleccionado, entonces empezarás a disfrutar de promoción gratis, lo que nunca está de más. «El mejor negocio del año», o sea cual sea el título que encabece el concurso, es un enorme voto de confianza que tendrás que mencionar a la mínima oportunidad. Los proveedores tomarán nota, lo mismo que los clientes. Si el concurso es anual, entonces tienes todo un año para asegurarte de que todo el mundo sabe que fue tu negocio el que dejó fuera de juego a todos los demás. En ciertos casos (normalmente en concursos nacionales o de sectores específicos) el premio es en metálico o es una subvención, y como bien sabes cualquier dinero extra que se pueda meter en las arcas es siempre bien recibido. Pero sólo por el prestigio también merece la pena el tiempo y el esfuerzo de rellenar los papeles para participar. Rara vez hay un coste económico asociado con participar, ya que la administración y el dinero del premio (si lo hay) se cubren con subvenciones o patrocinios. Si realmente te parece que tu idea empresarial es tan buena, quizás a los demás se lo parezca también. Tómate una tarde libre de lo que quiera que hayas planeado y concéntrate en que tu negocio participe en un concurso.

Participar en un concurso de ideas de negocio es poner tu negocio en competición directa con otros. Para saber más sobre el enemigo, consulta la IDEA 27, ¡No somos nadie!

Otra idea más...

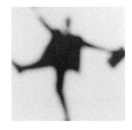

«He hecho los cálculos y tus probabilidades de ganar la lotería son las mismas participes o no».
FRAN LEBOWITZ, escritor y poeta

La frase

153

¿Cuál es tu duda?

P   **Me sigue pareciendo mucho trabajo. ¿Qué pasa si no nos preseleccionan?**

R   *Al menos, aunque no te hayan seleccionado, habrás creado un eficiente plan empresarial y material de marketing que siempre puedes usar en futuros concursos o editar para utilizarlas como folletos.*

P   **No veo cómo vamos a poder participar sin haber funcionado al menos tres años. ¿Qué puedo hacer?**

R   *Comprueba las reglas de inscripción. Para los premios dedicados a los negocios nuevos no podrás participar si llevas trabajando más de dos años. De ahí la palabra «nuevo» en el encabezamiento.*

P   **No estoy muy de acuerdo con que estos concursos den mucha publicidad. ¿No te parece que a veces parecen muy para aficionados?**

R   *Escoge aquellos concursos que mejor se adapten a tu imagen. ¡No tiene sentido participar en «mejor empresaria menor de 25 años» si eres un hombre de 50! Investiga un poco más y busca aquellos concursos que tengan una buena máquina publicitaria y estén organizados por profesionales.*

36

¡Cómpralo!

No importa lo buena que sea tu idea, para que sea un éxito debes convencer a los demás de que suelten el dinero. Anunciar tu negocio te dará a conocer y «ayudará» a tus clientes a comprar.

Busca las maneras más baratas de llegar al mayor número posible de personas de tu público objetivo. Arrastrar a la gente por la fuerza hasta el local puede funcionar, pero te puedes meter en líos con la policía.

Anunciarte en la prensa puede ser muy efectivo, pero puede ser muy caro si lo haces durante un largo periodo de tiempo. Lo importante es que midas su efectividad de la manera que sea. Añadirle un código de referencia a ciertos anuncios puede ayudarte a controlar la efectividad, al igual que contar el número de clientes que entran en tu local antes, durante y después de una campaña. No hay ningún tipo de control que te vaya a dar la medida exacta, pero pronto debería verse claro si anunciarse con un determinado periódico funciona bien o es equiparable a tirar un billete de cincuenta euros.

Una buena idea...

Si te vas a dirigir a la prensa local asegúrate de que te estás centrando en por qué el negocio es importante para los habitantes de tu localidad: ¿vas a contratar a oriundos?, ¿va a suponer un despegue para la economía?, ¿es un excitante proyecto del que la comunidad local va a sentirse orgullosa? No te retengas, haz que el comunicado de prensa cante las alabanzas de tu pueblo o ciudad y de paso te garantice algo de publicidad gratis.

Anunciarse en el cine es relativamente barato y es una forma excelente de exhibir tu negocio, no importa cuál sea tu esfera de actuación. Por una cantidad fija al trimestre, un tráiler anunciando tu negocio va a aparecer ante el público del cine antes de cada sesión en una sala determinada. Puedes diseñar el tráiler. Ya sea una película de arte y ensayo o el éxito del verano, vas a llegar a un montón de gente día y noche. Debido a la disposición de los asientos en el cine, el público no puede evitar mirar los tráilers mientras empieza la película. Regentes un restaurante, una tienda o una asesoría contable, los cinéfilos trascienden los límites sociodemográficos y vas a estar dirigiéndote a una posible clientela.

La publicidad en el cine también posee un alto valor asociado y por tanto, por el mero hecho de tomar parte, vas a obtener cierto prestigio para tu negocio. La gente recuerda los anuncios del cine.

Planificar una serie de anuncios es generalmente más efectivo en términos de penetración y alcance, y cada anuncio te va a salir proporcionalmente más barato si los contratas en grandes cantidades. Al demostrar lealtad a largo plazo a un periódico o a una página web (lo que puede ser sólo un compromiso de un mes) empiezas a construir una relación y es mucho más probable que consigas que escriban un artículo sobre ti en el futuro. Mientras que se supone que los periódicos deben ser imparciales, la prensa local está totalmente financiada por la publicidad, y por lo tanto los anunciantes pueden influir en el humor de los editores porque, sencillamente, les están dando de comer.

No siempre vas a tener que pagar para dar a conocer tu negocio. Para saber más, consulta la IDEA 12, ¡Mírame!

Otra idea más...

Una vez que has montado tu negocio al por menor es una buena idea hacer folletos y utilizar a amigos o a estudiantes para que los repartan por tu localidad durante tus primeras semanas en el negocio. Muchos de los folletos van a acabar en la basura, pero, si les pones un mapa al dorso y un incentivo como «10% de descuento al presentar este folleto», puedes arrastrar literalmente a cientos de clientes a tu negocio por un desembolso mínimo.

Presupuesta la publicidad con cuidado y piénsalo todo bien. No dejes que los costes se disparen, y asegúrate de que averiguas lo antes posible lo que funciona y lo que no. No te olvides del potencial de la publicidad gratis; escribe un comunicado de prensa anunciando tu nuevo negocio, no importa en qué punto te encuentres. Nunca es demasiado pronto para empezar a decirle al mundo que estás de camino.

«La publicidad puede describirse como el arte de obturar la inteligencia humana el tiempo suficiente para sacarle dinero».
ANÓNIMO

La frase

¿Cuál es tu duda?

P **El periódico quiere una especie de compromiso por nuestra parte de poner anuncios antes de que imprima el comunicado de prensa. Ahora mismo no me puedo comprometer con una campaña. ¿Qué hago?**

R *Si vas a buscar personal, entonces no te comprometas a poner un anuncio promocional. A cambio, promételes que vas a publicar tus vacantes de empleo con ellos; las tasas por anuncios de trabajo son mucho más baratas que la publicidad general y de todos modos es algo que tenías que hacer.*

P **Vamos a tener almacenados productos electrónicos de mucho valor y la gerente de marketing dice que prefiere no hacerle saber a los habitantes que estamos en la ciudad. La amenaza de robo es muy alta. ¿Tiene razón en no dejarnos hacer publicidad?**

R *Los cacos locales van a conocer enseguida lo que tenéis en el almacén, hagáis propaganda o no. Haced publicidad de todos modos para obtener los consiguientes beneficios y cercioraos de que el edificio está bien protegido.*

P **Una agencia de diseño de la localidad nos pide una fortuna por prepararnos el material, pero uno de nuestros directivos insiste en que los contratemos. ¿Deberíamos gastarnos el dinero?**

R *El diseño gráfico suele tener unos precios enormemente exagerados. Busca y compara, pero asegúrate de que los que contrates puedan hacer la entrega puntualmente y con un alto nivel de calidad. Piensa en acudir al extranjero, no hay razón por la que no puedas usar diseñadores de fuera ahora que tenemos internet. Por ejemplo, hace poco encargué unas tarjetas de visita con mi nombre y los detalles de la compañía en coreano y en inglés. El coste de la traducción aquí era astronómico, así que me las hicieron mucho más baratas en el lejano oriente. Ten cuidado, no obstante, ¡necesitas un especialista en coreano para asegurarte que al transcribir tu nombre no sale una cosa extraña!*

37

Perderse por el camino

Puedes no planificar casi nada y aún así salir de rositas; pero ganarías más dinero probando fortuna en las quinielas. ¡Planifica!

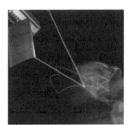

No importa cuánto tardes en planificar tu negocio, no importa cuánto hayas investigado y no importa cuántas opiniones hayas sondeado, siempre habrá sorpresas.

Es esencial diversificar la oferta y vigilar muy de cerca el rendimiento de tu negocio. No sólo te va a evitar sorpresas desagradables de flujo de caja, sino que también va a ayudar a que te asegures de que vas a sacar provecho de todos tus canales de venta.

Hay veces que el problema es mucho mayor que tener que apretarte el cinturón unos meses, o lo que es peor, tener que despedir a un miembro de tu plantilla para reducir gastos.

Lo creas o no, puede ser que tu idea sencillamente no funcione. Puede que no sea culpa tuya, pero los gastos continúan creciendo y los ingresos no han pasado de la parrilla de arranque. Ahora es cuando necesitas tener el plan B.

Una buena idea...

Merece la pena tomarse una tarde para considerar cómo reaccionarías si de verdad pasara lo peor. Planifica un cambio de dirección después de 3, 6 y 12 meses. ¿Qué equipo te habrías procurado ya, cuánto personal tendrías contratado y que podrías hacer con tu negocio si tu plan maestro resultara no ser tan maestro?

EL PLAN B

Suponiendo que aún no hayas perdido la alegría de vivir, es hora de sentarse y hacer balance de lo que llevas conseguido hasta ahora. Considera el potencial que el negocio podría seguir teniendo si cambiaras ligeramente tu propuesta de mercado. Para cuando te pongas a considerar el plan B, seguramente ya habrás invertido un montón de dinero en instalaciones, maquinaria para el negocio, personal, formación y mercancía de algún tipo. ¿Dónde más se puede acudir? El plan B puede ser modificar el negocio de un punto de venta al por menor a uno de venta por correo o comercio electrónico. Podría significar cambiar los clientes actuales (parroquianos) por otros (clientela comercial) o viceversa. Tú mejor que nadie sabes con qué opciones cuentas, y lo importante es que no te ciegues ni dejes que la preferencia personal influya en tu decisión.

La frase

«Si los hechos no se ajustan a la teoría, cambia los hechos».
ALBERT EINSTEIN

TOMA EJEMPLO

Un caso real: un programa de TV trataba de un fabricante de zapatos del norte de Inglaterra. Durante años había fabricado zapatos prácticos y botas de trabajo tradicionales. La zapatería básica le daba dinero. Hacia finales de los 90 el negocio empezó a sufrir los ataques de una competencia terrible, tanto de otras compañías inglesas como de importaciones extranjeras baratas. La firma tenía en nómina a un montón de empleados y no quería despedir a nadie. ¿Qué hicieron? Buscaron dentro de la compañía y se dieron cuenta de que hacía falta calzado artesano de cuero muy especial... Las botas de trabajo dieron paso a unas botas muy excéntricas y de repente la firma volvía a tener capital produciendo botas de calidad de cuero y PVC a la altura del muslo para hombres. ¡No es una broma! En un intento de ahorrar dinero, el director general diseñó él mismo las botas masculinas. Sacaron un catálogo de mucha calidad, y empezaron a vender estas enormes botas de cuero a ferias eróticas y especialistas del sector porno. El resultado final fue que la compañía empezó a ganar más dinero que nunca, todos los puestos de trabajo se conservaron y ¡había más clientes masculinos felices que pudieron apreciar mejor que nunca las delicias del cuero!

Un cambio de dirección es una solución extrema. Para tener oportunidades de éxito vas a necesitar controlar qué pasa día a día y semana tras semana. Para saber más, consulta la IDEA 12, _¡Mírame!_

Otra idea más...

«Lo que llamamos «progreso» es la sustitución de una incomodidad por otra». HAVELOCK ELLIS, psicólogo

La frase

¿Cuál
es tu
duda?

P   **Creo que esa filosofía catastrofista es contraproducente para tener confianza en el plan empresarial que estás realizando, ¿no te parece?**

R   *En absoluto. Es siempre mejor tener un plan alternativo, y quizás el plan B puede resultar ser otro canal de ventas para el negocio lo suficientemente grande como para convertirse en una compañía independiente desde el principio.*

P   **Estoy montando un salón de peluquería. La verdad es que no tenemos muchas opciones si el negocio no llegara a funcionar. ¿Puede ser que para algunos negocios no exista el plan B?**

R   *Siempre hay un plan B. Busca mejor. ¿Se te ha ocurrido que tus estilistas podrían trasladarse y atender a los clientes a domicilio o en la oficina?*

P   **Me parece que estás siendo muy negativo. ¿No es verdad que el pensamiento positivo siempre funciona?**

R   *No. Tómate algún tiempo para leer sobre escándalos en el mundo de los negocios y habla con gente de negocios experimentada. El mundo de los negocios es muy duro, y las cosas pueden salir mal. Siempre pon buena cara, pero no pienses que una sonrisa de triunfador va a solucionar todos tus problemas; tendrás el mismo efecto que las famosas sonrisas de los que se quedan atrapados en una tormenta de nieve en el Monte Everest. Estate preparado y asegúrate de que sobrevives.*

38

De todo punto necesario

Cuantos más canales de venta consigas abrir, más posibilidades tendrás de obtener beneficios. Sé consciente de lo que quieres y ve a por ello.

Que les cuentes tus maravillosos planes para dominar el mundo a los amigos del bar está muy bien, pero aprovecharías más el tiempo llevándolos a cabo.

Hacer una lista de todos los posibles canales de ventas podría mejorar tu plan empresarial, pero no es bueno dispersarse demasiado. Cada canal de ventas requiere inversión, conocimiento y un compromiso serio. Debes saber exactamente por qué vas a seguir cada uno de los canales de venta y qué esperas conseguir de cada uno de ellos. Muchos comerciantes al por menor nunca tienen en cuenta la posibilidad de la venta por correo. La venta por correo, si ya tienes provisión de existencias, es una manera relativamente barata de ampliar tu clientela. Empieza con poco y en tu localidad y tantea el mercado. Si funciona amplía a la región o a todo el país, a tu propio ritmo.

Una buena idea...

Considera seriamente la posibilidad de que una parte de tu negocio sondee la alternativa de una solución de revendedores o generadores de tendencias o de marketing electrónico. Siempre habrá un coste asociado a realizar una investigación de mercado y llevar a cabo el estudio de viabilidad, pero tomar parte en lo que ya es una canal de venta multimillonario (y creciendo) tiene que merecer la pena.

EL FESTIVAL DE LA WEB

La web es un fenómeno en constante crecimiento, y a pesar de la gran cantidad de fracasos que hubo en 1999 y 2000 (lo que hizo creer a muchos que marcaría el fin de un periodo relativamente corto en el candelero), vender por Internet puede ser una empresa muy provechosa. Busca por la red, invierte bien en un sitio web y tendrás un público mundial a tu alcance con sólo apretar un botón.

REVENDEDORES

También puedes contratar revendedores o generadores de tendencias para que vendan tus productos o servicios a los clientes a cambio de una comisión. Independientemente de que tus revendedores trabajen desde la red, sean gente «real» yendo de casa en casa, o estén sentados en una oficina fomentando las ventas por teléfono, no supone ninguna diferencia: están presentando tus productos o servicios a clientes a los que probablemente tú no podrías llegar. Los clientes obtienen lo que quieren, el revendedor se lleva una comisión y tú ganas dinero.

La frase

«Lo que hay que hacer es estar siempre curioseando, escuchando nuevas opiniones y solicitando impresiones diferentes».
WALTER PATER, escritor del siglo XIX.

CONSTRUYE UNA PIRÁMIDE

El marketing electrónico se ha convertido en el «último grito» en lo que se refiere a alternativas de venta. Desde los primeros tiempos de las chicas de Avon, pasando por el Tupperware, hemos avanzado a pasos agigantados hasta los felices dos mil, en los que podemos comprar cualquier cosa, desde perfumes y ropa de cama hasta productos de limpieza, desde la comodidad de nuestros hogares sin ningún esfuerzo. En efecto la tienda es nuestra salita y el vendedor es un viejo amigo ganándose un dinerillo un jueves por la noche (o un coche nuevo y las vacaciones, en el caso de los mejores).

Merece la pena contemplar la posibilidad de montar una solución de marketing electrónico, siempre y cuando tus márgenes den cabida a las diversas estructuras de comisión y a una jerarquía estratificada. Algunos productos encajan muy bien en este esquema (como los objetos pequeños con un amplio margen, como los perfumes), mientras que otros no (como objetos de gran valor como un caballito balancín). Haz que tu abogado diseñe los contratos de los vendedores y que tu asesor fiscal trabaje contigo en las comisiones y en la estructura organizativa. Decide qué producto y a qué precio y envía a tu ejército a la calle a vender.

Para llegar a comprender formas alternativas de llevar tus productos o servicios al mercado, consulta la IDEA 28, *Visión periférica*.

Otra idea más...

«Si no sabes dónde te diriges, cualquier camino te conducirá allí».
LEWIS CARROLL

La frase

¿Cuál es tu duda?

P **Nuestro negocio se va a basar en la venta de productos financieros, no de productos al por menor. ¿Puede el marketing electrónico ser una opción?**

R *Aunque hasta ahora las historias que han salido bien han sido las de las compañías vendiendo productos al por menor, no está escrito en ninguna parte que no vaya a funcionar un equipo de agentes vendiendo planes de pensiones. Ábrete a nuevas posibilidades.*

P **Estamos pensando vender productos que ya se están comercializando a través del marketing electrónico. Pero preferiría no entrar en la competencia. ¿No sería mejor quedarse en una cadena de tiendas?**

R *¡Así que ya hay alguien haciéndolo! Esto probablemente significa que ya han investigado y han visto que el canal de ventas es viable. Un poco de competencia no viene mal. A los consumidores les encantará, tú te beneficias indirectamente del marketing de la competencia y, si tu oferta está bien hecha, podrías llegar a dominar el mercado en poco tiempo.*

39

Ojo con los impuestos

La mayoría de los países tienen alguna forma de impuesto sobre el volumen de ventas. De hecho, lo normal es que desde el primer euro o dólar recaudado, haya que iniciar las relaciones con la temida Hacienda Pública.

Puedes intentar ignorar que los impuestos existen, pero no funciona. Cuanto antes te pongas a trabajar para evitar problemas con el fisco, más posibilidades de tener éxito en tu nuevo negocio.

Pagar los impuestos es inevitable, no importa lo que te digan los colegas del bar; pueden pillarte y lo harán. Alegar ignorancia no es una excusa. En algunos países, no es necesario empezar a pagar impuestos mientras la empresa no llegue a un nivel determinado de ingresos, pero lo normal es que se empiece a pagar desde la primera venta.

Es conveniente tener en cuenta dichos impuestos desde el momento del plan de negocios, ya que el ingreso de estos impuestos en la Hacienda Pública puede tener mucha relevancia a la hora de calcular los flujos de caja y evitar descubiertos o falta de tesorería (sobre todo en el primer año).

Una buena idea...

Acude o llama a la Delegación de Hacienda (o la entidad encargada de los impuestos de tu comunidad) y pide que te expliquen bien tus obligaciones tributarias. Aunque parezca increíble el personal es muy atento y responderá a tus preguntas inmediatamente o se pondrá en contacto contigo posteriormente si la cuestión es compleja.

Uno de los impuestos más relevantes es el IVA (Impuesto sobre el Valor Añadido). Este impuesto grava todos los productos de consumo y comerciales en los países de la Unión Europea. Sin embargo, dependiendo del país y de los productos, el porcentaje de este impuesto varía. Productos como los relacionados con la cultura, suelen llevar menos IVA que, por ejemplo, una comida en un restaurante de lujo.

Si todavía no te has puesto en contacto con un asesor fiscal, te recomiendo encarecidamente que lo hagas, aunque sólo sea para escuchar una explicación sobre el IVA y cómo puede afectar a tu negocio. Yo me leí al menos cinco libros cuando monté mi primer negocio y creo que acabé más confuso al final que cuando empecé. Queríamos vender juguetes y libros, algunos importados de otros países de la CEE, otros del Lejano Oriente y otros fabricados en el Reino Unido. La combinación de los distintos tipos de IVA era muy confusa y estuve encantado de pagarle a alguien para que lidiara con el problema.

Del mismo modo que conocer y tener controlado cuándo y cuánto porcentaje de IVA le debes cobrar a tus clientes, debes llevar el control del IVA que tu negocio le ha pagado a los demás. La declaración del IVA suele ser trimestral y si se te olvida o lo haces mal, el gasto en sanciones puede hacer que se vayan al traste todas tus previsiones de flujo de caja del año.

La frase

«La declaración de la renta es la ficción más imaginativa que se ha escrito hoy en día».
HERMAN WOUK, escritor

Un buen software de contabilidad te puede ayudar con esta cotidiana, aunque importante, labor. No te olvides que si las cuentas no cuadran de manera coherente, antes o después recibirás la visita de un inspector de Hacienda con cara de pocos amigos. Las buenas noticias son que, de tanto en cuanto, sobre todo cuando estás empezando en el negocio, el saldo del IVA va a ser negativo y te van a mandar un cheque con la diferencia entre lo que hayas pagado y lo que hayas cobrado. Pero esta situación ha de ser puntual, ya que significa que estás gastando más dinero del que estás ingresando.

Asegúrate de que tienes en cuenta el IVA y el resto de impuestos a la hora de calcular los flujos de caja de tu negocio a la hora de montarlo. La mayoría de las empresas proveedoras no incluyen el IVA en sus catálogos, por lo que te encontrarás que a la hora de pagar tendrás que sumarle un 16% en España (o un 17,5% en el Reino Unido). Para saber más, consulta la IDEA 6, *Nadie regala nada.*

Otra idea más...

«La evasión de impuestos es el único afán intelectual que trae alguna recompensa».
JOHN MAYNARD KEYNES

La frase

¿Cuál
es tu
duda?

P No tengo muy claro qué preguntas debo hacerle al del IVA. ¿Por dónde empiezo?

R *Nunca vas a obtener las respuestas si no conoces las preguntas. Sal a la calle y contacta con un asesor fiscal para que te ponga al corriente. Te hará preguntas sobre tu negocio y enseguida verás que tienes muchas más de cinco o seis dudas que necesitas resolver. Las que no pueda resolverte él, son las que debes preguntar en la Hacienda Pública antes de iniciar tu negocio.*

P. ¿Cómo puedo saber si tengo que presentar el impuesto del IVA y otros como la retención de alquileres y las retenciones de los trabajadores?

R *Realmente depende del negocio concreto que vayas a montar. Por lo general, los impuestos afectan a todas las empresas. Aunque es cierto que hay sectores que se ven beneficiados por normas específicas que buscan facilitar la gestión del negocio a los emprendedores con una formación empresarial menor. En cualquier caso, el consejo sigue siendo que acudas a un asesor fiscal y él te contará tus obligaciones tributarias. De hecho, lo más seguro es que te «venda» sus servicios para que sea su despacho el que rellene los formularios de impuestos. Eso sí, busca a un asesor de confianza y, en caso de duda, acércate a la Hacienda Pública y pregunta allí directamente.*

40

Jugar a las tiendas

Para que tú puedas vender, alguien tiene que comprar. Necesitas tácticas especiales para que entren por tu puerta y asegurarte de que ofreces distintas opciones de pago.

Una lata llena de monedas ya no es suficiente. Para trabajar en un comercio hace falta mucho más que una caja registradora y una sonrisa.

Un cartel tipo caballete es una cosa muy simple, pero no hay nada más eficaz para cortar el paso a los peatones, causar algún que otro percance a los más mayores y divertir a los niños, que no van a poder resistir la tentación de liarse a patadas con él. Una vez dicho esto, sí que funcionan. Los carteles tipo caballete son un elemento auxiliar que atrae la atención de los clientes, que de hecho van mirando por donde andan, y no los carteles que cuelgan por encima de sus cabezas. Sólo con cubrir el cartel con tu logo, una flecha y una frase ingeniosa vas a llamar la atención de la gente y, si resulta que estás un poco alejado de la zona de paso, va a atraer a clientes de las calles más frecuentadas hasta ti. Hay algunos ayuntamientos que rechazan el uso de este tipo de carteles pero la experiencia dice que si los demás los usan, entonces tú también puedes hacerlo. Sólo ten cuidado de no ponerlos en la carretera.

Una buena idea...

No te sientas obligado a contratar la terminal lectora de tarjetas con tu banco habitual. Busca por ahí las mejores condiciones. No te olvides que son los bancos los que tienen que competir por tu negocio, no al revés; busca la oferta que más te interese.

GRAFFITIS POR LAS PAREDES

Que todo el mundo sepa que vas a abrir tu negocio en cuanto tengas las llaves del local. Hay una escuela de pensamiento que cree firmemente que hay que tapar los escaparates con una especie de encalado lavable hasta la apertura. Yo creo que eso da una impresión errónea y puede llevar a los futuros clientes a pensar que tu compañía ha cerrado o que os habéis mudado, en lugar de ser los recién llegados al mercado.

Aprovecha al máximo cualquier espacio disponible para poner señalización. Está muy bien ser minimalista y hablar bajito dentro de la tienda, pero fuera necesitas usar todas las tácticas habidas y por haber para atraer la atención de los desventurados compradores. Grita tan alto como puedas. Ten presente el enorme número de clientes que van a recibir instrucciones poco precisas como «la tienda de juguetes al lado de El Corte Inglés» o «ese sitio tan mono por debajo de Zara». Sé tú mismo el faro que ilumine el camino de *tu* salvación.

ACEPTA EL PLÁSTICO

Hoy en día es esencial que ofrezcas a tus clientes la posibilidad de pagar con tarjetas de crédito y de débito. Hay muy poca gente que lleve encima grandes cantidades de dinero, y aunque hay un coste asociado al alquiler de la terminal y un cargo por transacción por cada venta, los clientes no van a estar muy satisfechos si tienen que dejar la tienda, ir a un cajero y después volver a por sus compras. De hecho, ¡no van a hacerlo!

Cada banco ofrece su propia terminal con lector de tarjetas y acepta una gran variedad de ellas. Cuando vayas a tomar tu decisión intenta conjugar la menos cara en lo que concierne a los gastos de funcionamiento y la opción que da más margen de elección al cliente. Junto con Visa y MasterCard hay una horda de emisores por ahí: American Express, 4B, Visa Elcctrón y Servired, por citar unas cuantas.

Cada vez más comerciantes vuelven sus ojos a internet como la siguiente frontera comercial. Para saber más sobre la red, consulta la IDEA 45, *Anúnciate en la red.*

Otra idea más...

QUE SE VEA Y QUE SE SEPA

Una vez que has llegado a un acuerdo con un banco y ya puedes aceptar tarjetas de crédito y de débito, junto con la terminal vas a recibir unas cuantas pegatinas y placas con las tarjetas que aceptas a partir de ahora. No te olvides de pegarlas cerca de la puerta y de la caja registradora. Son un poco feas, pero con ellas te ahorras el tener que repetir oralmente el listado cada vez que alguien te pregunte.

«Para triunfar es esencial que tu deseo sea absorbente, tus pensamientos y objetivos estén coordinados y tu energía se concentre y se emplee sin tregua»
CLAUDE M. BRISTOL, escritor

La frase

¿Cuál
es tu
duda?

P   **El banco con el que he consultado nos ofrece el mejor precio en cuanto a la comisión por transacción y cuota mensual, pero prefieren que todas mis operaciones bancarias sean con ellos. Por abrir una cuenta mercantil me piden una comisión enorme. ¿Qué hago?**

R   *Los ingresos proyectados van a determinar enseguida la respuesta. Si cuentas con que tu nivel de operaciones sea bajo, entonces paga la cuota por transacción que era ligeramente superior con tu actual banco. Será mas barato. Si, por el contrario, piensas que vas a hacer cientos de miles de euros con el negocio, entonces esa comisión inicial será sólo como una gota en medio del océano.*

P   **El banco que nos ofrece las mejores condiciones acepta cualquier tarjeta existente, y algunas de las que ni siquiera he oído hablar. ¿Debemos aceptar todo ese tipo de tarjetas?**

R   *¡Sí! Cuantas más opciones y facilidades le des a tus clientes, más probable será que compren en tu tienda y que salgan contentos. No pienses sólo en las tarjetas que llevas en tu propia cartera, piensa más abiertamente.*

41

Gran hermano

Es muy probable que tus cuentas pasen por una auditoría o una inspección de hacienda de vez en cuando. Nunca es un paseo por el parque pero puedes conseguir que la experiencia sea cuanto menos soportable si estás preparado.

No, tener un gran montón de papeles amontonados en el rincón no es archivar. Consíguete unos archivadores y empieza a organizarte.

Un auditor se nombra para asegurar que los informes que has presentado de tus cuentas trimestrales o anuales sean realmente reflejo fiel y fidedigno de la actividad financiera del año. Bien pueden trabajar en tu oficina o llevarse la documentación que necesiten y mandarte un informe al cabo de un par de semanas. Los auditores no quieren pillarte en falta, a menos, claro, que estés cometiendo alguna «travesura» como comprar multipropiedades con el dinero de la compañía. Sólo quieren asegurarse de que los pagos que hiciste fueron al beneficiario que correspondía y que los recibos que cobraste fueron por la cantidad correcta y fueron a parar a la cuenta corriente de la empresa. Cuanto más colabores con sus investigaciones, antes acabará todo.

«Cuando dos hombres de un mismo negocio están siempre de acuerdo, uno de los dos sobra».
WILLIAM WRIGLEY JR, rey del chicle.

La frase

Una buena idea...

Comprueba todos los recibos y facturas que has pagado y asegúrate de que los has introducido en tus registros de contabilidad, que puedes encontrar el correspondiente debe de tu cuenta bancaria y que todos los recibos o albaranes son realmente los que recibiste de la compañía proveedora del servicio o producto, no notas garabateadas en un pedazo de papel. Te vas a ahorrar mucho tiempo a la larga si corriges los problemas ahora.

CONSIGUE EL SOFTWARE

Hay ya muy pocas compañías que continúen introduciendo a mano los asientos de contabilidad en los libros mayores por partida doble. Aunque es correcto, no es muy práctico para ahorrar tiempo y no permite que varios usuarios introduzcan datos financieros simultáneamente. Desde el punto de vista de la seguridad es más difícil «amañar» los libros electrónicos porque programas como Sage registran todas las transacciones, aunque se modifiquen o borren posteriormente. Las ventajas de usar software de contabilidad son la velocidad, un acceso rápido a los datos y la capacidad de importar y exportar cifras, gráficos e informes con sólo pulsar una tecla. Tu asesor fiscal podrá aconsejarte acerca del software que prefiere y estará dispuesto a trabajar con discos, copias impresas e informes generados por tu software.

Como ocurre con todo, si lo llevas al día, el trabajo que requiere es mínimo. Sin embargo, si vas postergando trabajar con tus cuentas, aunque sólo sea un mes, el grano de arena enseguida se convierte en una montaña y con las prisas por ponerte al día seguro que cometes errores. Por norma intenta actualizar los datos al menos cada tres días. En cuanto lleguen los extractos bancarios, ponte con ellos. Al hacer esto podrás localizar cualquier discrepancia muy rápidamente.

La frase

«No hay negocio como el negocio del espectáculo, pero sí hay varios negocios como la contabilidad».
DAVID LETTERMAN

LAS CUENTAS CLARAS

Te puedes hacer una idea del tipo de preguntas que va a hacer el auditor: aquellas que no quieres que haga. Se sentirá suspicaz ante cualquier transacción extraña o repentina que parezca de gran valor e igualmente ante cualquier subida repentina en las ventas que no se ciña a la pauta establecida. Cualquier pago realizado, a ti mismo o a cualquier miembro de tu personal, que no esté relacionado con el salario va a llamar la atención del auditor, y si ese pago está relacionado con algún gasto entonces es absolutamente esencial que conserves los correspondientes recibos. No tires nada y hazle sitio en un archivador.

Una inspección de hacienda no se diferencia mucho de una auditoría externa y, por consiguiente, si te has preparado para una, te has preparado para la otra. Para saber más, consulta la IDEA 24, *Sobrevivir a una auditoría*.

Otra idea más...

P **La verdad es que ahora mismo no tengo tiempo de hacer todo eso. ¿Por qué no puedo contratar a un trabajador eventual?**

¿Cuál es tu duda?

R *Si fuiste tú quien hizo la mayoría de las compras entonces vas a poder hacer el trabajo más rápida y precisamente. Cualquier persona que pretendas involucrar te va a estar haciendo preguntas y malgastando tu tiempo para que le aclares pormenores.*

P **¿Por qué no esperar a la auditoría en sí y entonces simplemente sacar las facturas y los recibos o los extractos bancarios en cuestión?**

R *Porque nunca resulta tan fácil. Justo el papel que te piden puede que sea el que se manchó de café y se destruyó hace seis meses. No dejes las cosas para el último minuto y te arriesgues a que los auditores se sientan molestos, o te arriesgues a no tener la información a tiempo para la presentación de tus cuentas anuales.*

42

Rodéate de ganadores

Nunca contrates a nadie por pena. Sentir lástima de alguien puede que te haga dormir mejor unas cuantas noches, pero tener un gran equipo hará que duermas bien durante años.

Tu estructura organizativa debería ser una pirámide, no una línea horizontal. Si los demás quieren mandar mucho, pues que monten su propio negocio.

Dicen que un negocio es tan fuerte como lo es que la gente que trabaja en él, sean quienes sean. No hay mucho que una sola persona pueda hacer y tendrás que contratar personal para que te ayude a hacer realidad tus ambiciones empresariales. Lo que solemos buscar todos cuando contratamos personal son versiones de nosotros mismos que sean fáciles de moldear e igualmente apasionados por el negocio. Esto rara vez se encuentra. Cada persona es única y nadie será «perfecto» para el trabajo. Si puedes aceptar esto, encontrarás individuos con mucho talento por ahí que van a trabajar muy duramente y que te van a ayudar a que tu negocio triunfe. Busca un camino hacia el éxito. Necesitas rodearte solamente de ganadores que van a hacerlo realidad.

Una buena idea...

Hazte a la idea de que tendrá que haber un responsable por cada cinco empleados que contrates. Deja claro en términos de salario y ventajas que el cargo de responsable tiene sus incentivos, y para que sea más fácil en términos de costes de planificación separa en las proyecciones financieras el personal de gerencia y los empleados de a pie. Según vaya creciendo el número de empleados notarás un enorme aumento de los gastos, pero si eliges bien, entonces los costes incurridos a la hora de pagar a buenos responsables se van a compensar con creces por un trabajo bien hecho.

No hay ninguna manera rápida ni segura de lograrlo, pero durante el proceso de entrevistas intenta buscar individuos de tu mismo parecer, esos que te recuerdan un poco a ti mismo.

Cualquiera que te estés planteando contratar como gerente debería ser, no sólo competente en su trabajo, sino también compartir parte de tu visión y pasión por el negocio. Siempre debes tener algo presente: si tú y los demás socios estuvierais fuera de la oficina, ¿confiarías en esta persona para que representara el negocio como tú mismo? ¿O te daría vergüenza de que estuvieran presentes en alguna reunión y preferirías que se escondieran en alguna parte un par de horitas? Si tienes dudas, no les des el cargo de gerente. En lo que respecta a la estructura organizativa, debes huir de los cargos tontos y de darle a la persona que prepara el café el cargo de gerente de operaciones o director de servicios. Eso no sirve para nada más que para confundir.

La frase

«El mayor de los defectos, diría yo, es no ser consciente de ninguno».
THOMAS CARLYLE

EXIGE EL MÁXIMO ESFUERZO

Cada negocio tiene necesidades de plantilla diferentes, pero, suponiendo que vayas a abrir una pequeña o mediana empresa, habrá un nivel de gerencia intermedia que puede actuar como tus ojos y oídos, y hasta cierto punto, llevar las riendas para sacarle el mayor partido posible al personal. Hay una extraña filosofía dominante en algunos lugares que reza que mucho tiempo equivale a mucho trabajo. Eso no es verdad. Es muchísimo mejor que tu personal trabaje diligentemente siete horas al día que tener un ejército de pelotilleros dando vueltas por la oficina de la mañana a la noche sin dar palo al agua. Sé justo contigo mismo y con los demás cuando impongas el horario de trabajo, pero espera a cambio un buen rendimiento. Si les estás pagando un buen sueldo entonces tienes derecho a exigir un trabajo bien hecho.

Para sacarle partido a tu personal necesitas saber qué es lo que quieres. Para saber más, consulta la IDEA 25, *Conócete a ti mismo*.

Otra idea más...

> «El éxito es relativo. Es lo que conseguimos sacar del desastre que produjimos antes».
> T.S. ELIOT

La frase

¿Cuál es tu duda?

P **Las nuevas proyecciones financieras muestran que mis gastos de personal van a crecer un 20% si pongo un responsable por cada cinco miembros. ¿Cómo se puede sostener esto?**

R *Si tus responsables lo están haciendo bien van a motivar y animar al resto de personal en su trabajo diario; en teoría, este coste extra se va a ver compensado por un aumento en la productividad. No contrates personal en febrero porque así lo hiciste constar en las proyecciones, hazlo cuando los ingresos del negocio y la carga de trabajo así lo justifiquen.*

P **En el sector de los servicios financieros el nombre del cargo lo es todo. Tengo que darles los cargos de gerente y director a mi personal para que los clientes y los colegas los tomen en serio. ¿Cómo puedo alterar la tendencia?**

R *Si de verdad debes ponerles nombres a los cargos y todos en tu oficina son gerentes de esto y directores de aquello, por lo menos asegúrate de que tienen una responsabilidad que justifique el nombre del cargo junto con su función principal. Pueden ser tareas muy simples, pero alguien tiene que estar a cargo del armario del material de oficina y alguien tiene que estar a cargo de la máquina de café, etc. Si no lo haces así, todas estas pequeñas tareas van a recaer sobre ti.*

43

¿Quién eres tú?

A veces resulta muy difícil juzgar las capacidades de uno mismo. Valora siempre tus capacidades de manera realista e intenta compararlas con las de otras personas de tu mismo campo.

El tamaño de tu oficina comparado con la de tu antiguo jefe no indica nada, aunque gusta saber que se moriría de envidia si viera tu grapadora de diseño.

Una actitud positiva es absolutamente esencial para que un negocio crezca de la nada hasta la rentabilidad. La confianza en ti mismo y en tu propuesta hará que el negocio despegue y te impulsará a continuar trabajando hasta bien entrada la noche y mucho después de que todos hayan fichado para irse. Trabajar para ti mismo es por si sólo bastante motivador y si ya lo estás haciendo, el resto es pura teoría. Necesitarás cierta fortaleza de carácter para superar los altibajos e inconvenientes que se van a presentar, pero ese es uno de los motivos por el que te metiste en este proyecto: para demostrarte a ti mismo que podías hacerlo. El anunciar que planeas abrir un negocio a menudo provoca palabras de advertencia y preocupación de tus seres queridos. Si te pones a leer estadísticas verás que hay mucha más posibilidad de que el negocio fracase a que sea un éxito. Hay un riesgo asociado a montar un negocio, pero también hay riesgo al cruzar la carretera.

Una
buena
idea...

Invita a un antiguo colega a cenar. Te sorprenderá lo dispuesta que está la gente a ayudar. Al cabo de una hora estarás al día de todo lo que ha pasado desde que te marchaste: qué hay de nuevo, quién hay nuevo y quién está en la cuerda floja. Información de este tipo no tiene precio y te ayudará a conseguir nuevos clientes y evitar algunos errores.

Saber dónde acudir en busca de ayuda va a hacer que tu negocio triunfe. Todos tenemos limitaciones, unos más que otros, pero no es ninguna vergüenza ni ningún fracaso tender las manos y solicitar ayuda. Igual que Roma no se construyó en un día, ni la levantó una sola persona. Necesitarás la ayuda de tus colegas, familiares y amigos para montar un negocio. Intentar rechazar cualquier tipo de ayuda no sólo es perjudicial sino descaradamente grosero y arrogante. Siempre podemos aprender cosas de los demás, y montar un negocio no es diferente. Estar preparado para montar un negocio implica tanto saber lo que no se puede hacer solo como ser consciente de lo que no eres capaz de hacer sin ayuda de otros.

Montar tu propio negocio puede ser, durante meses si no años, un absorbente banquete de continuo egoísmo y aislamiento. En tu anterior profesión, trabajando en otra compañía, tenías que ser plenamente consciente de lo que estaba pasando en el sector y en qué andaban metidas ciertas compañías. Concentrarte en tu propio negocio es obviamente una prioridad, pero no pierdas el contacto con los que solías trabajar antes y mantén las subscripciones a revistas especializadas. No fuerces la situación para

La
frase

«Nada dura más que las cualidades personales».
WALT WHITMAN

obtener información que no te quieren dar, pero salir una noche con los antiguos colegas puede revelarte las novedades que está planeando tu antigua compañía, y quiénes son los personajes más influyentes, y posibles pistas para nuevos clientes e ideas para tu propio negocio. Puede sonar un poco mercenario y lo es, pero así es el mundo de los negocios.

Con el tiempo no sólo vas a ser tú el que haga funcionar el negocio, así que rodéate de individuos de tu mismo parecer y de personal eficiente. Para saber más, consulta la IDEA 42, _Rodéate de ganadores_.

Otra idea más...

P   Ese ejercicio me parece un poco como espiar. ¿Es ese comportamiento maquiavélico completamente necesario?

R   _La recopilación y difusión de información gana la mayoría de las guerras; no estás siendo amoral sino manteniendo una ventaja competitiva._

P   Mi antiguo jefe accedió gustoso a ayudarme, pero no estuvo tan dispuesto a divulgar información de la compañía ahora que ya no estoy en ella. ¿Valió para algo el ejercicio?

R   _Claro, mantener una red de contactos siempre es aconsejable, sobre todo si vas a montar un negocio del mismo sector. Al final recibiste el asesoramiento que necesitabas, y estoy seguro de que las copas que te tomaste estaban fantásticas._

¿Cuál es tu duda?

44

La máquina de la verdad

Te gusten o los odies, los ordenadores están por todas partes y presentar documentos que no hayan sido creados con ellos te hará parecer muy anticuado.

Todos los ordenadores nuevos traen ahora un paquete de software de algún tipo, pero no hay casi nada gratis y tendrás que salir a comprar más.

Los ordenadores se han convertido en algo tan habitual que muchos hemos prácticamente olvidado cómo escribir a mano. Hay ejércitos de jóvenes, y no tan jóvenes, navegando por la red y entregando sus redacciones de «Qué hice en las vacaciones» escritas a ordenador. Saber qué software comprar o descargar puede ser terreno minado; la regla más simple es trabajar con lo que ya conoces pero mantenerte alerta ante cualquier avance.

Una buena idea...

Haz una lista del software auxiliar que te has descargado de internet, como el Adobe Acrobat Reader (que te permite leer documentos guardados como archivos PDF). Al asegurarte de que todos los ordenadores tienen el mismo juego de software, el personal podrá trabajar en cualquier máquina y así se van a minimizar los problemas en caso de que una máquina falle.

LOS ELEMENTOS BÁSICOS

Todas las empresas necesitan un procesador de textos para crear cartas, facturas y, lo que es más importante, el plan empresarial. Microsoft Word deja bastante que desear en muchos aspectos, pero no se puede negar que es el más conocido. Si instalas el paquete Office podrás comunicarte con la mayoría de usuarios y empresas. Office te ofrece una solución de correo electrónico (Outlook), software para crear hojas de cálculo (Excel), un procesador de textos (Word), una base de datos razonablemente potente (Access) y la posibilidad de crear presentaciones (PowerPoint). Si necesitas crear diagramas de flujo o mapas entonces Visio es lo tuyo. Para una gestión de proyectos más en profundidad está Microsoft Project, y cuando el negocio casi funcione solo y te apetezca pasarte una tarde libre jugando a dominar el mundo antiguo entonces harías bien en instalar «Age of Mythology». En cuanto a software de contabilidad existe una amplia variedad a tu disposición, y el tamaño de tu negocio (o tu asesor fiscal) probablemente va a determinar qué software es el que te viene mejor.

TALENTOS OCULTOS

Hay software disponible para hacer prácticamente de todo, desde diseñar etiquetas para sobres hasta diseñar y componer este libro, todo para el hogar o la pequeña oficina. Como ocurre con el precio del hardware, el precio del software es bastantc ascquible. Es simple: cuantos más paquetes sepáis usar tú y tu plantilla, más dinero vas a ahorrar. Cuando contrates personal, no importa para qué puesto, comprueba qué software sabe usar tu futuro empleado. Lo importante es que funcione independientemente con datos e imágenes y pueda producir resultados efectivos e información presentable.

Ningún negocio estará verdaderamente abrazando la era digital si no tiene su propia página web. Para saber más, consulta la IDEA 45, *Anúnciate en la red.*

Otra idea más...

¿TIENES LICENCIA PARA ESO?

El no pagar la licencia del software puede ahorrarte dinero a corto plazo, pero tanto tú como tu negocio estáis corriendo un gran riesgo. Es tentador instalar el mismo software en un montón de máquinas con una sola licencia. En la inmensa mayoría de los casos se sale bien parado, pero los fabricantes de software imponen denuncias altas si te cogen, y controlan mucho el tema al obligarte a que registres el software por Internet antes de que esté completamente operativo. Compra la licencia múltiple para varios usuarios y duerme tranquilo por las noches. Hazle una auditoría de software al ordenador principal de la empresa. Haz una lista de todo el software que tengas instalado en tu ordenador y asegúrate de que instalas el mismo software en todas las máquinas que adquieras en el futuro.

«La ventaja que tienen los ordenadores y que todo el mundo pasa por alto es que si se fastidian no hay ninguna ley que te impida aporrearlos un poco».
JOE MARTIN, dibujante

La frase

¿Cuál es tu duda?

P **Un miembro de mi personal prefiere usar una solución de correo electrónico distinta. ¿Supone un problema?**

R *Sólo si las cosas van mal. Es mejor tener un único correo para toda la empresa, así si algo falla se pueden arreglar fácilmente. Sólo permíteles que usen software que en caso de fallo puedan arreglar ellos mismos.*

P **Los desarrolladores necesitan un software que el resto no sabemos usar, ¿por qué deberíamos instalarlo en nuestros ordenadores?**

R *El software debe instalarse en una o dos máquinas más por si falla en la máquina principal. Que tengas software extra en tu ordenador no va a afectar a su funcionamiento, pero que un miembro de la plantilla no pueda trabajar por no disponer de dicho software sí que va a afectar a tu negocio.*

45

Anúnciate en la red

La promoción en la red puede ayudarte a crecer a ti y a tu negocio. Una web promocional perfecta conseguirá las dos cosas.

Atrae a los usuarios con un sitio web inteligente y bien diseñado. Que no salgan corriendo al ver tu página.

Todo hijo de vecino intenta promocionar, vender, imponer su criterio, convertir, inspirar, encender, y a veces robar, a los desventurados usuarios de la World Wide Web. Decidir que no quieres formar parte en esta locura es muy honorable, pero no muy inteligente. Se trata del «*si no puedes con ellos, únete a ellos*». Promocionarte a ti mismo, a tus productos o tus opiniones en la red puede ser caro e ineficaz, y también puede ser tan contagioso y tener tanto éxito que te verás sobrepasado con la demanda. Pero estés a favor o en contra de todo ese ruido en internet, ¿cómo vas a sobresalir y asegurarte de que tu sitio suena más sin perforar los tímpanos del cliente?

Una buena idea...

Mira tu página web y pregúntate: ¿hay algún mensaje que transmitir? ¿Lo estás transmitiendo? ¿Lo estás reforzando? Si la respuesta a todo es sí, entonces estás en el buen camino para crear el sitio web promocional perfecto.

Los usuarios de la red, por lo general, son promiscuos: van a usar tu sitio mientras les complazca. Cuando ya se hayan hartado (o hayan sacado todo lo que ellos crean que tienes que ofrecer) se irán al siguiente sitio. Es en esos breves minutos, o segundos, depende de cómo lo hagas (¿ves algún paralelismo aquí?), cuando tienes la oportunidad de engancharlos.

POR QUÉ FUNCIONA UN SITIO WEB PROMOCIONAL

Los mejores sitios web promocionales son aquellos que no confunden. Queda claro en su mensaje qué es lo que están promocionando, ya sea una organización (ej. servicios financieros), un producto específico (ej. una bebida nueva) o un concepto (ej. bautizos con druidas). El sitio, no importa su tamaño, debe orientarse hacia ese propósito y debe quedar claro independientemente de la página del sitio que visiten los usuarios.

«Cuando asumí la presidencia sólo los físicos expertos en fusión nuclear habían oído lo que se llama la World Wide Web... ahora hasta mi gato tiene su propia página».
BILL CLINTON

Aún así puedes mostrar mucha información en un sitio promocional, pero no debe amontonarse todo en la página de bienvenida; que sean tus opciones de navegación las que guíen al visitante a donde quiera ir y que pueda navegar a su propio ritmo.

POR QUÉ NO FUNCIONA
UN SITIO WEB PROMOCIONAL

Las peores páginas web promocionales son aquellas que intentan llamar la atención del usuario sobre absolutamente todo lo que hay en el sitio. Al dueño del sitio le parece que está exhibiendo todo lo que tiene que ofrecer, pero el visitante se asusta, se siente confuso y se va.

Para complementar lo que ofreces en la web debes asegurarte que toda tu oficina está trabajando con el software adecuado. Para saber más, consulta la IDEA 44, *La máquina de la verdad.*

Otra idea más...

Es muy común que una página web esté llena de frases que hablan de su calidad, excelencia, interés y profesionalidad, y sin embargo el sitio es lento, está mal diseñado y no está actualizado. A partir de ahí el usuario juzgará rápidamente: lo único que se está promocionando es tu incompetencia. Lo contrario al efecto deseado.

Piensa en tu bebida favorita, alcohólica o de otro tipo. Si tuvieras que diseñar un micrositio para esa compañía, ¿qué mensajes te gustaría transmitir? ¿Cómo promocionarías ese producto y por qué? Con los resultados haz una lista de mensajes clave: así, «con poco gas» se convertiría en «ventaja competitiva», y «riquísimo solo o con hielo» sería «ampliación del mercado meta».

P **Estamos en una industria con grandes corporaciones que pueden gastarse en el diseño de su página mucho más que nosotros. ¿Cómo podemos competir con su nivel de inversión?**

¿Cuál es tu duda?

R *Un buen diseño web no equivale siempre a un coste alto. Trabaja dentro de tu presupuesto y asegúrate de que el mensaje es claro. Si a la gente le gusta lo que estás promocionando, van a usar tus servicios y decírselo a sus amigos. Si no lo haces bien, vas a perder la batalla, y eso no tiene nada que ver con competidores que pueden gastar más.*

P **Nuestra página web está promocionando un concepto completamente nuevo. ¿No es mejor romper con las convenciones?**

R *Puedes ser tan original y estrafalario en tus conceptos como quieras, pero hay ciertas convenciones que debes acatar si quieres que la gente tome nota de tu sitio y se sientan inclinados a seguir leyendo. Que el texto o las imágenes expresen el concepto, pero sin alterar las reglas de promoción: explícale al usuario qué es, proporciónales unos datos de contacto si necesitan más información y no les líes.*

P **Nos gustaría anunciar nuestros productos a nuestra manera. Por desgracia el fabricante dicta cómo deben presentarse sus artículos en nuestra web. ¿Va a perjudicarnos?**

R *Pues puede resultar una bendición que el fabricante os dicte el tamaño de la imagen, los colores y otras especificaciones. Trabajad juntos en el tema. Si os exigen que sólo uséis su información (detalles del producto, imagen, logo, etc.) entonces aseguraos de que os proporcionan los gráficos y el texto tal y como los quieren. También podrán ayudaros con la promoción de la página anunciándoos en su sitio web o en su información impresa como un comerciante acreditado. Así que, aunque pudieran entorpecer o coartar vuestro diseño, os van a proporcionar asesoría, recursos y acceso a posibles clientes que normalmente no tendríais, todo por usar unos colores determinados o un lema comercial específico dentro de la web.*

46

Algo más que grapadoras y trituradoras

Ahorra el dinero de tu empresa eligiendo bien a tus empleados y controlando todo rigurosamente, no haciendo que cinco personas compartan un bolígrafo medio mordisqueado.

No importa cuál sea tu negocio, hay algunos elementos básicos sin los que no puedes vivir. Sí, hay que salir de compras otra vez.

Ya conoces la importancia de obtener información sobre el sector, los nuevos avances y la competencia. La otra cara del asunto es que también tienes que proteger la información sobre tu negocio, tu personal y tus clientes. Insistir en que tengas mucho cuidado en lo que se refiere al almacenamiento de documentos no es ser un maniático del control, es simple sentido común y, en muchos casos, un requisito legal. La buena organización empieza con archivar de manera segura los documentos físicos en una ubicación idónea, por ejemplo, en archivadores bajo llave y candado. En lo que concierne a los datos electrónicos, deben hacerse copias de seguridad con la mayor frecuencia posible y la información confidencial debe protegerse con una clave de acceso. Una trituradora puede parecer un lujo al principio, pero es algo esencial para todos los negocios, sin excepción.

Una buena idea...

Tómate tu tiempo para abrir una cuenta con uno de los muchos proveedores nacionales de material de oficina. La competencia es feroz, lo que es bueno para ti como consumidor: los precios son más económicos y no tienes que gastarte mucho para disfrutar de la entrega de los productos el mismo día, y gratis. Al dar de alta tu cuenta, podrás ahorrar desde el primer día y tener 30 días para pagar.

No importa lo inocente que pueda parecer un documento suelto o una nota garabateada, porque puede revelar muchísimo. Tritúralo todo (¡excepto, claro, tus cuentas justo antes de una auditoría!).

UN ARMARIO BIEN PROVISTO

Un negocio debe proporcionar a su personal el material que necesita para trabajar de modo efectivo. Objetos simples como los de papelería se van sumando y en la era de la oficina «sin papeles» te sorprenderá ver cuánto papel puede llegar a consumir un pequeño negocio. Escatimar con lo básico no supone ningún ahorro si un empleado tuyo está perdiendo el tiempo buscando la única grapadora de la oficina y el taco de post-it del departamento. Pregúntale a tus empleados qué necesitan para poder trabajar mejor. Asegúrate de que tú u otro miembro del personal está controlando el armario de material de oficina, tanto en lo que concierne a quién usa qué como a lo que va quedando.

TINTAS Y LÁSERS

Otra falsa economía de la que todos nos sentimos culpables es la impresora de inyección de tinta. Con frecuencia un fabricante de impresoras se alía con un fabricante de ordenadores y ofrece una impresora casi tirada de precio junto con cada ordenador. Para no desaprovechar la ocasión, conectamos la impresora y allá vamos. Después de lo que parecen dos páginas, se quedan sin tinta y vuelta a empezar. Hay una buena razón para que las impresoras de inyección de tinta sean tan baratas: los recambio de tinta cuestan una fortuna. Los precios de las impresoras láser te pueden provocar un shock, pero a la larga el ahorro puede ser astronómico. Atrévete, compra una impresora láser y disfruta de una máquina más rápida y mucho más barata de mantener.

Junto con los trastos que vas a necesitar para que el negocio funcione, también necesitarás elementos de mayor valor que conforman la infraestructura del negocio. Para saber más, consulta la IDEA 10, *Adictos al sistema*.

Otra idea más...

«Todos los programadores son autores de teatro y todos los ordenadores son pésimos actores».
ANÓNIMO

La frase

¿Cuál es tu duda?

P **He solicitado la apertura de una cuenta y el representante de la empresa proveedora dice que tiene que hacer una comprobación de crédito. Si no he tenido un negocio antes, ¿puede que el negocio no pase la comprobación?**

R *Es muy improbable. La comprobación de crédito es un procedimiento de rutina que sirve para comprobar que no tienes pendientes grandes facturas con otras organizaciones. Si acabas de empezar, tu historial estará limpio.*

P **El proveedor de material de oficina que he escogido nos ofrece un catálogo para hacer los pedidos por teléfono y también la posibilidad de hacer los perdidos por internet. ¿Qué es mejor?**

R *En la página web van a tener los precios y las ofertas más actualizados y a veces un descuento por hacer el pedido en la red. A la oficina del proveedor le sale más barato recibir pedidos por internet y con frecuencia ese ahorro va a repercutir en ti.*

47

Dominar el mundo

Evaluar los riesgos es laborioso, pero el empresario debe estar preparado para cualquier eventualidad, no importa lo lejana e improbable que pueda parecer.

Es altamente improbable que tu local se queme y queden sólo los cimientos, pero eso no significa que estas cosas no sucedan. No estás tentando a la mala suerte, sólo te estás acordando de llevar un paraguas.

LAS MÁQUINAS DEL NEGOCIO

Si tu negocio depende de ordenadores o software de alguna manera, y hay muy pocos negocios hoy en día que no, entonces debes reconocer que son imprevisibles, capaces de estropearse, infectarse o colgarse en el momento más inoportuno. ¿Y eso que tiene que ver contigo y tu negocio? Perder un documento porque no lo has guardado trastorna muchísimo y hará que estés de un humor de perros durante horas; pero perder todos los datos contenidos en un ordenador, o peor, un servidor, no sólo te parte el alma, sino que es muy perjudicial para el negocio. Haz copias de seguridad de todo y asegúrate de que los disquetes o los CD están almacenados de forma segura.

Una buena idea...

Si no lo has hecho ya, crea una sección en tu plan empresarial que bosqueje los riesgos asociados con tu negocio. La lista de riesgos debe incluir todo, desde lo que pasaría si pierdes a un miembro clave del personal hasta tu dependencia del capital de terceros para montar y dirigir el negocio. En cierto modo estás enumerando todas las debilidades de tu negocio, pero esconder la cabeza bajo la arena no va a convencer a nadie de que de verdad sabes lo que estás haciendo.

LO QUE HACEN LOS DEMÁS

Los negocios que dependen de una red o una conexión a internet para poder funcionar deben estar preparados para una pérdida de conexión. Con los millones de kilómetros de cables y conductos que atraviesan y cruzan el mundo entero varios metros bajo tierra, no es de extrañar que una excavadora o un hacendoso obrero armado con una taladradora neumática corte tu conexión con la WWW. Asegúrate de que tienes contratado un «acuerdo de nivel de servicio» con tu proveedor y que tienes todo preparado para rectificar el problema en caso de producirse una interrupción de la conexión.

PROTEGE TU NEGOCIO

Los contratos de personal están para proteger al empleado y al empresario. Aunque todos hemos ido en busca de nuevos horizontes, como lo harán tus empleados, tienes el derecho y la obligación de asegurarte de que los miembros del personal te avisan de su dimisión con suficiente antelación (para que les puedas encontrar un substituto con el mínimo trastorno posible) y que no se llevan información confidencial con ellos. El nivel del puesto va a determinar con frecuencia el plazo, y el control de las comunicaciones de correo electrónico va a disuadir al miembro del personal de «compartir» documentos confidenciales con otras compañías o particulares.

¿QUÉ PASARÍA SI...?

Obviamente hay muchos «y si» para enumerarlos todos. Cuando hagas una lista es importante que seas realista en tu evaluación. No necesitas recrearte en los detalles y especificar que temes un ataque de seis jóvenes vestidos de rojo un jueves por la noche, pero sí puedes reconocer la amenaza terrorista o el sabotaje al local. Lo repito, no hace falta que hagas una lista de todos los miembros del personal y el impacto que tendría la marcha de cada uno o de todos, pero sí deberías reconocer que perder miembros claves de la plantilla supondría un impacto para el negocio.

Saber dónde está el riesgo y tomar nota de él, sobre todo dentro del plan empresarial, es muy inteligente, pero también debes estar preparado para lo que puedes necesitar si tuvieras que rectificar la situación. Para saber más, consulta la **IDEA 51**, *La aventura del Poseidón*.

Otra idea más...

«*Todas las generalizaciones son peligrosas, incluida ésta*».
ALEJANDRO DUMAS

La frase

¿Cuál es tu duda?

P **Hemos incluido en la lista una serie de riesgos que serían catastróficos para nuestro negocio. No tenemos solución para algunos de los problemas. ¿Qué hacemos?**

R *Hay algunos riesgos que podrían ser increíblemente perjudiciales, dado el caso, y tendrías que esforzarte para encontrar una solución. No te preocupes, este ejercicio sólo trata de saber dónde está el riesgo y demostrar que lo has tenido en cuenta. Probablemente no hay una solución sencilla.*

P **Creo que soy importante para la empresa. ¿Sería arrogante sugerir que el hecho de que yo dejara la empresa supondría un riesgo?**

R *En absoluto, sobre todo si tu empresa es una sociedad limitada o una sociedad anónima. La junta y los accionistas van a leer este documento y es importante que reconozcan tu importancia para que todo siga funcionando bien.*

48

¿De qué te quejas?

Los clientes pueden resultar fastidiosos, exigentes y requieren mucho tiempo, pero sin ellos no tendrías negocio. ¿Estás mimando a tus clientes?

Quienes mejor pueden juzgar el funcionamiento de tu negocio son aquellos a quienes les vendes. Respira hondo y empieza a interactuar proactivamente con tus clientes.

Que los cuestionarios y la correspondencia que mantienes con tus clientes sean siempre corteses y estén bien redactados, y responde siempre a sus preguntas con detalle. ¡No creo que te apetezca que tus cartas groseras se muestren a vista de todos en uno de esos programas de la tele en los que todo el mundo se grita y se insulta!

Muchos negocios tratan a sus clientes de manera reactiva: no hacer nada mientras no se presenta la queja de que no se han recibido los pedidos, el producto era defectuoso o les han mandado un artículo equivocado. Los clientes se molestan si perciben que el personal es grosero o el servicio que reciben es insatisfactorio. La situación normalmente se resuelve y todos los implicados quedan satisfechos durante un breve espacio de tiempo.

Una buena idea...

Cualquier contacto que tengas con tus clientes es una oportunidad para venderles algo. Intenta idear maneras en las que puedas usar el proceso de queja de un cliente para el marketing. Por ejemplo, si el cliente queda satisfecho de la forma en la que has resuelto su queja, es un gran momento para preguntarle si quiere ver un catálogo nuevo, obtener un descuento en su siguiente compra o asistir al lanzamiento de un producto.

Todo este tiempo extra que se emplea en tratar con el cliente, ya sean más llamadas de teléfono, correos electrónicos o broncas en toda regla en la tienda o en la oficina, es un tiempo precioso que tú y tu personal no estáis dedicando al negocio.

Es mucho mejor adelantarse a los clientes y preguntarles de qué manera podéis mejorar el negocio. Haz que su experiencia con vosotros esté libre de dificultades y sea incluso divertida.

UNA PREGUNTA PARA TI

Cuando se trata de airear sus opiniones, los clientes se sienten inclinados a hacer comentarios positivos tanto como negativos. El truco está en idear una forma de sonsacarles la información. Pero antes de que puedas empezar a mandarles cuestionarios a los clientes necesitas saber qué vas a preguntar. Cuando te dirijas a la clientela en busca de información, sé lo más específico posible. Preguntarle a los clientes si les gusta tu negocio va a provocar respuestas muy curiosas, y aunque te va a encantar que al señor González le parezca que la chica de recepción es maravillosa porque tiene los ojos del mismo color que su hija, lo único que has conseguido es hacer perder el tiempo a todo el mundo. Ten siempre claro qué es lo que estás evaluando. «¿Está satisfecho con la atención recibida?» «¿Qué le parecen nuestros

La frase

«Tus clientes más insatisfechos son tu mayor fuente de aprendizaje».
BILL GATES

precios?» Da la posibilidad de puntuar del uno al cinco y también de hacer comentarios adicionales al final del cuestionario. Intenta que no sean más de siete preguntas si no vas a compensar con algún regalo a los clientes por su tiempo.

Idea un cuestionario para juzgar la opinión de los clientes sobre tu selección de mercancía. Como probablemente sea la joya del negocio, está bien para empezar. Las preguntas no deben centrarse en aspectos estéticos, como la calidad de tus estanterías o los accesorios de la tienda (aunque una pregunta de este tipo está bien). La mayoría de las preguntas deberían centrarse en la selección de los productos o en la habilidad para conseguir lo que ellos necesitan, rápida y fácilmente. Incluye un espacio para que añadan sus propios comentarios y acaba con la frase: «Si pudiera cambiar algo sobre este negocio sería...»

Las respuestas van a ser variadas y extrañas, pero dependiendo del tamaño de la selección probablemente acabarás con más de diez cosas que cambiar en la disposición de la tienda o el almacén. Las respuestas vienen directamente de tus clientes. Sus reacciones son reales, aunque a veces extrañas, y te van a dar a revelar quiénes son los usuarios y por qué.

A veces un cuestionario puede revelar problemas muy importantes. Puede ser muy desmoralizante pero muy iluminador. Lo importante es cómo reaccionas ante estos problemas. Para saber más, consulta la IDEA 51, *La aventura del Poseidón*.

Otra idea más...

¿Cuál es tu duda?

P   **El gerente de ventas no quiere mandar un cuestionario a los clientes sin incluir algún tipo de promoción. ¿Es correcta su actitud?**

R   *Todos los negocios son diferentes y puede que tengas que combinar las dos modalidades, pero añadir una promoción de ventas no va a ayudarte a obtener respuestas (sinceras) al cuestionario; probablemente confundirá el mensaje. Es mejor incentivar con una promoción específica o algún tipo de obsequio a aquellos que respondan.*

P   **Todas las respuestas que hemos recibido son muy halagüeñas y en absoluto negativas. ¿Significa esto que tenemos el negocio perfecto?**

R   *Eso es muy improbable, sólo significa que vuestras preguntas estaban dirigidas para obtener respuestas positivas o que el estudio estaba mal diseñado. Pídele a otra persona que diseñe las preguntas y asegúrate de que seleccionas el perfil idóneo de tu base de datos de clientes.*

49

Hora de reflexionar

Emprender un negocio es muy trabajoso y puede llegar a ser muy absorbente. Sin embargo tenemos que hacer inventario de vez en cuando y controlar cómo vamos.

Al igual que lo harías al cruzar una carretera con mucho tráfico, en el mundo de los negocios debes pararte, mirar y escuchar de vez en cuando para tener una visión clara de las cosas.

El mundo de los negocios está en constante cambio. Con una tecnología cada más inteligente y de menor tamaño, la era digital está haciendo mucho más que permitirnos tener una buena colección de música. Debemos considerar a la tecnología como un amigo y usarla para que nos ayude a algo más que escribir cartas modernas. Hay muchas formas de evaluar tu propio progreso, usando métodos más o menos científicos, pero no tiene sentido perder tiempo y esfuerzo en el ejercicio si no vas a hacer caso a los resultados. Al igual que el plan empresarial que estás escribiendo va a cambiar en los años venideros, sucederá lo mismo con tus proyecciones. Una vez que empieces a funcionar deberías analizar los resultados reales y comparar los ingresos y gastos con las proyecciones. Si las proyecciones son excesivamente altas o demasiado bajas, entonces debes hacerlas otra vez. Superar las proyecciones o quedarse corto lo único que te va a decir es que estaban mal hechas. Utiliza hojas de cálculo siempre que puedas, tanto para analizar como para presentar los datos.

Una buena idea...

Cuando evalúes tus progresos no te olvides de reconocer tus éxitos junto con tus fracasos. Recompénsate a ti y a tu equipo de vez en cuando por el buen funcionamiento del negocio: ¡da una fiesta!

Aunque tengas objetivos anuales en términos de volumen de ventas y gastos, es muy útil dividir el año en trimestres y a veces en meses o semanas sueltos. Aunque los beneficios se siguen viendo como ahorros, ¿estáis todo el personal siendo más eficientes en los aspectos básicos? ¿Cuál es vuestro comportamiento al atender consultas telefónicas o por correo electrónico? ¿Conseguís aumentar el número de clientes que visitan vuestra oficina o entran en vuestro comercio? ¿Han asistido tus empleados a los cursos de formación que creíste serían beneficiosos? ¿Se han solucionado los problemas o estás constantemente en la brecha? Párate un momento a considerar tu negocio de manera realista. Solucionar las dificultades va a mejorar el bienestar económico de la organización a largo plazo.

Puedes aprender mucho de la competencia, pero eso no significa que por copiarles hasta el último detalle vayas a tener tanto éxito como ellos. Puede que tengan la ventaja de haber sido los primeros y ahora tengan una clientela fija. Puede que hayan tenido cuatro veces más capital inicial para empezar a funcionar. El mercado podía ser diferente hace unos años, por lo que las mismas tácticas pueden no funcionar ahora.

Muchos comercios que venden productos similares pueden parecerles casi iguales a los consumidores, excepto porque el colorido y la marca son diferentes. El motivo es simple: el modelo funciona. Puedes montar un negocio completamente único sin tener que ser original todo el tiempo. ¿Por qué pasar por un proceso de aprendizaje largo y costoso cuando otras compañías ya se han gastado el dinero investigando las preferencias del cliente y las nuevas tendencias? Averigua qué está pasando en el mercado y adáptalo.

Haz que un especialista evalúe lo que has conseguido hasta ahora. Puede ser una crítica formal o una charla tranquila mientras coméis, pero será un tiempo bien aprovechado. Después de seis meses de funcionamiento puede merecer la pena que le des un poco de coba a tu asesor fiscal o a tu abogado y les pongas al día de la situación. Si implicaste a estas dos personas en la creación del negocio y discutiste con ellos el plan empresarial, entonces estarán bastante familiarizados con la situación. ¿Qué opinan de tus progresos? Ten en cuenta que sólo van a poder reaccionar ante la información que les facilites: cuanto más sincero seas al informarle de tus operaciones, más veraz y precisa será su respuesta.

Para saber más sobre fiestas, y en concreto la importantísima fiesta de inauguración que vas a dar en un futuro no muy lejano, consulta la IDEA 52, Vístete de gala.

Otra idea más...

«Reflexiona sobre tus alegrías presentes, de las que todos tenemos muchas, no sobre tus pasados infortunios, de los que todos tenemos algunos».
CHARLES DICKENS

La frase

215

¿Cuál
es tu
duda?

P **¿Cómo deberíamos tratar las cifras económicas en las reuniones mensuales y trimestrales?**

R *Prepara cuidadosamente las cifras por adelantado y hazlas circular, destacando cualquier punto problemático. Diles que esperas que se las hayan leído para la reunión. Esto significa que podrás discutir las cifras en términos mucho más prácticos en la reunión. Si el beneficio ha sido mejor de lo que se preveía es importante averiguar por qué y ver si puedes sacar algo en claro de la experiencia positiva.*

P **Estamos por debajo del objetivo en las ventas. ¿No sería una fiesta un despilfarro?**

R *Habrá cosas que tengas que hacer para mejorar las ventas, pero tener un equipo motivado y contento hará las cosas más fáciles. No se trata de recompensar el fracaso, sino de subir la moral.*

P **Una fiesta se sale del presupuesto, pero me gustaría recompensar el esfuerzo y el trabajo bien hecho. ¿Se te ocurre algo que pudiera hacer?**

R *Si no lo has hecho ya, siempre merece la pena añadir un incentivo competitivo al lugar de trabajo. Ofrecer una bonificación al mejor vendedor o unas vacaciones extras o algún otro tipo de beneficio tangible hará que el equipo trabaje bien para ti.*

50
El rey ha muerto (¡viva el rey!)

Cuando se emprende un negocio tu intención puede ser trabajar en él para siempre. Pero lo mejor es prever posibles vías de salida desde el principio.

En lugar de acumular deudas personales y profesionales y después subirte en un avión y escaparte a Río, sería mejor que encontraras métodos más legítimos de vender tu negocio.

No es inusual montar un negocio con la sola intención de hacerlo crecer hasta cierto punto y después venderlo. Se puede ganar mucho dinero así si tu idea es única, popular y de algún modo causa sensación. Ejemplos de la industria de internet incluyen la adquisición de Hotmail por parte de Microsoft para consolidar su posición como el mayor proveedor de correo electrónico gratuito, o la fusión de AOL y Time Warner para convertirse en uno de los mayores proveedores mundiales de información y contenidos.

Si ésta es tu intención, entonces el planteamiento del negocio debe ser un crecimiento muy rápido para que los compradores potenciales sepan que estás en el mercado como un competidor a tener en cuenta, y por tanto una amenaza. Pueden intentar comprarte. No es amoral vender tu negocio, pero asegúrate de obtener un buen precio cuando vayas a vender.

Una buena idea...

Haz una lista con al menos cinco organizaciones o particulares que pudieran estar interesados en adquirir tu negocio. Una vez que las hayas identificado, enumera la razón o razones que podrían tener para querer comprar tu compañía o fusionarse contigo. Utiliza este ejercicio como el primer borrador de tu estrategia de salida dentro de tu plan empresarial.

La frase

«El líder debe ser práctico y realista, pero debe hablar con palabras de visionario e idealista». ERIC HOFFER, filósofo estadounidense.

Cuando estés recopilando tu plan empresarial no te olvides de enumerar todos los posibles compradores de tu negocio. No tienes que dirigirte a estos negocios para averiguar qué opinan de tu propuesta, sólo haz una lista de las razones por las que pueden estar interesados y explica qué ganarían al comprar tu negocio o fusionarse.

La gente con mucho dinero suele también gastar mucho dinero y no es inusual que un particular que esté interesado en adquirir un negocio compre uno en lugar de crearlo él. Tal vez prefieran evitar la parte difícil de montarlo y de correr todos los riesgos iniciales; puede que escriban un cheque con muchos ceros por las molestias. Con mucha frecuencia esta es una situación en la que todo el mundo sale ganando. Tú, con un poco de suerte, vas a obtener un buen precio por todos esos madrugones y esas noches en vela; y tu comprador va a hacer su entrada en un negocio a pleno rendimiento con una infraestructura estable y un equipo de buenos trabajadores.

En ciertos casos, sobre todo cuando un tercero financia completamente un negocio, puede que haya una fecha límite, predeterminada para que la compañía termine. Las compañías basadas en proyectos no son menos importantes ni se dirigen de un modo diferente de aquellas pensadas para durar toda la vida, pero es más importante que se establezca una estrategia de salida desde el principio. Esto es para que todos los implicados tengan muy claro que va a suceder en dos, cinco o diez años, sobre todo en lo que concierne a los bienes de la compañía, el personal y, si se diera el caso, las deudas. Elaborar una lista de reglas o directrices va a ahorrar muchas angustias en los años venideros.

Para preparar tu negocio para una posible venta tienes que hacer que la propuesta sea lo más atractiva posible para todos los potenciales compradores. Para saber más, consulta la IDEA 42, *Rodéate de ganadores*.

Otra idea más...

P   **Estoy planeando trabajar desde casa en un negocio de consultoría para negocios que intentan abrirse camino. No creo que ninguna compañía tenga interés en comprarme. Seguramente aquí no sería aplicable una estrategia de salida, ¿verdad?**

¿Cuál es tu duda?

R   *Bien es verdad que nadie va a querer comprar la habitación desde la que trabajas, pero sí que puede haber muchas firmas rivales interesadas en tu lista de clientes y material formativo. Nunca digas nunca jamás; siempre puede haber alguien por ahí interesado en comprar tu trabajo.*

¿Cuál es tu duda?

P **Me preocupa que las compañías que he incluido en mi lista de estrategia de salida no sigan funcionando para cuando yo esté dispuesto a vender. ¿No hará esto que mi plan empresarial quede anticuado si dejan el negocio ellos también?**

R *Una estrategia de salida, como el resto del plan empresarial, es flexible y puede modificarse y alterarse constantemente. Siempre y cuando revises cada aspecto del plan al menos una vez al año, nunca parecerá anticuado.*

P **¿Cuál es el mejor momento para vender?**

R *Cuando tu sector esté en alza y todos se sientan muy optimistas acerca del futuro. ¡Entonces conseguirás el mejor precio!*

P **¿Cuál es el peor momento para vender?**

R *Cuando tu sector esté en horas bajas, o peor, cuando estés pasando por un mal momento y todo el mundo lo sepa. Entonces es cuando los tiburones se acercan a obtener el mejor trato posible. Vende un negocio cuando todo vaya bien; durante los malos tiempos es mejor luchar para sobrevivir.*

51

La aventura del Poseidón

No importa lo bien hecho que esté tu plan, las cosas pueden ir mal y a veces lo hacen. El buen ojo para los negocios se juzga en parte por cómo se minimizan los riesgos pero también por cómo se manejan los contratiempos.

A pesar de la mejor voluntad del mundo y de los grandes esfuerzos, los pedidos a veces no son suficientes. La cuestión es: ¿vas a salir corriendo o vas a presentar batalla?

Las semanas se van lentamente convirtiendo en meses e inevitablemente hay mucho más dinero saliendo que entrando. No tiene sentido esperar que las cosas vayan a cambiar para mejor y que todo se vaya a arreglar solo. No lo va a hacer, no si tú no tomas cartas en el asunto. Llevar las cuentas al día es un requisito mínimo para cualquier negocio, pero el truco realmente está en leer los datos, buscarle un sentido a las cifras y encontrar pautas indicadoras. Si te parece que las cosas empiezan a ir mal reacciona inmediatamente y no dejes que vaya a peor. Hay ciertas opciones disponibles si tu flujo de caja es un poco negativo:

Una buena idea...

Si hay alguna forma de reservar fondos para una época de vacas flacas entonces hazlo. Los fondos no tienen que estar en una cuenta separada, ni supone un gran problema si de vez en cuando echas mano de ese dinero para pagar facturas. Conseguirlo simplemente significa negociar fuerte cada trato e intentar recortar gastos siempre que puedas. Si puedes reducir tus gastos un 10% entonces tendrás mucho más margen de maniobra.

Póliza de crédito o capacidad de descubierto: Aumentar o no tus facilidades en caso de descubierto dependerá del criterio de tu banco y puede que te exijan una garantía personal, lo que puede significar que tendrás que liquidar la deuda tú mismo si el negocio no se lo puede permitir. Suponiendo que pudieras conseguir que te ampliaran el límite, es, probablemente, la forma más sencilla de cubrir el déficit y puede ser el modo más rápido para darse cuenta de que hay un problema que solucionar.

Préstamo: Solicitar un préstamo adicional cuando las cosas parecen ir mal puede dar un poco de miedo, pero puede ser también el salvavidas que necesitas para salir de la tormenta y darle la vuelta al negocio. El que puedas conseguir el dinero depende de la cantidad que ya hubieras pedido prestada, la estimación de tu capacidad para devolverla y la cantidad en sí. Un préstamo va a suponer pagos mensuales adicionales, de los que hay que responder, pero también significa que los acreedores se van a quedar tranquilos y que tienes tiempo de reaccionar ante la situación.

Ajustes de personal: Es una ruta muy desagradable, pero ha de ser tenida en cuenta. Hablar de «ajuste de personal» es el eufemismo usado para «despedir personal». Suele haber cierto coste a corto plazo asociado con despedir empleados: tanto en el aspecto económico como en la sobrecarga de trabajo que asumen los demás. A la larga, sin embargo, vas a ahorrar cantidades significativas de dinero que pueden ser justo lo que necesitas para arreglar tu problema de flujo de caja.

Venta de bienes: Dependiendo de lo que tengas y de hasta qué punto es esencial, puedes decidir pronto si esta es una opción viable. Aunque sólo vayas a recibir un 30% del valor original de los objetos, es probablemente la menos dolorosa de las rutas para recuperar un flujo de caja positivo; y es mucho más fácil vender un par de ordenadores y mesas que despedir a un empleado.

Podrás evitar un buen número de sorpresas y contratiempos repentinos si aprecias en toda su dimensión los riesgos que conlleva un negocio antes de montar el tuyo. Para saber más, consulta la IDEA 47, *Dominar el mundo*.

Otra idea más...

Perder a un miembro importante del personal es un golpe realmente duro para cualquier negocio, no importa que sea grande o pequeño, pero cuando eres un negocio novato el dolor es mucho peor. Hay muchas razones por las que un emplea-do puede decidir marcharse y hay muy poco que tú puedas hacer para detener el proceso. Lo más importante es no olvidarse que nada está escrito en piedra y no importa lo bien que te lleves con tus empleados, las influencias externas como familia, enfermedades, aumento del precio de los pisos y, lo que no es menos, mejo-res ofertas de otras empresas, significan que cualquier día un miembro del personal puede renunciar a su puesto. Aunque no es cuestión de que te mates de preocupa-ción, no lo pases por alto. Nadie es indispensa-ble y, por lo tanto, con quienquiera que trates, en cualquier campo, de otras compañías o en tu vida diaria, siempre debes juzgarlos (¡en privado, en tu cabeza!) por su idoneidad dentro de tu negocio; cualquier día de estos puedes necesitarlos.

«Continuamente nos enfrentamos a una serie de grandes oportuni-dades sabiamente disfrazadas como problemas insolubles».
JOHN E. GARDNER, político estado-unidense

La frase

¿Cuál
es tu
duda?

P **No nos está resultando muy fácil que los proveedores de suministros reduzcan los costes; es muy difícil ahorrar dinero. ¿Qué estamos haciendo mal?**

R *Vuestros proveedores de suministros puede que no estén dispuestos a alterar sus márgenes en este punto, pero si presupuestasteis X cantidad de dinero para un ordenador en el plan empresarial y puedes comprarlo exactamente igual de otro fabricante por un 10% menos, entonces estarás en el buen camino para reducir costes.*

P **No hemos podido conseguir más fondos del banco. ¿Qué más podemos hacer?**

R *Si estás completamente seguro de que una inyección de efectivo te va ayudar a salir adelante, y que las cosas van a mejorar mucho después de este bache, siempre puedes conseguir el dinero de manera particular a través de un préstamo personal o pidiéndoselo prestado a una tía acomodada, pero sólo si estás seguro...*

P **Nuestro director financiero dice que no deberíamos darle más crédito a nuestro mejor cliente, aunque cada semana hace más pedidos. ¿Qué ocurre?**

R *A tu director financiero parece preocuparle que vuestro cliente de repente deje de pagar las facturas y os deje con una gran pérdida. Es un truco muy viejo ganarse la confianza e ir consiguiendo crédito y después declararse insolvente y tardar un siglo en pagar. La forma de manejar esto es darle a cada cliente un límite de crédito y seguir un proceso formal para aumentarlo. Un cliente que aumenta sus pedidos en, digamos, un diez por ciento en un periodo muy breve puede ser muy peligroso si le estás financiando las compras.*

Vístete de gala

Por fin ha llegado. Hoy es el día en el que oficialmente empiezas a funcionar e inauguras tu negocio. Da una fiesta estupenda para celebrarlo, pero no te olvides de aprovechar la oportunidad para hacer más relaciones públicas.

Suéltate el pelo y diviértete, ¡pero evita que te encuentren inconsciente en un rincón con las cejas afeitadas!

Después de tanto planificar, escribir, pensar, preocuparte y todas las demás emociones que se relacionan con la creación del negocio, hoy es el día de la inauguración. Los comercios están deseando que les inunden de llamadas telefónicas o de clientes deseosos de gastarse el dinero en sus productos. Los negocios comerciales están buscando que les hagan pedidos o que se celebren reuniones que generen ingresos. No importa cuál sea tu negocio, hoy es el primer día en el que el dinero real va a cambiar de manos y, con suerte, vas a cumplir con tus previsiones, o incluso excederlas.

Una buena idea...

Que no te dé vergüenza hacer de relaciones públicas: puedes hacer constar en la invitación que todos los asistentes automáticamente entran en un sorteo para ganar productos o servicios. Que Dios me libre de sugerir que haya que amañar el sorteo, pero, ¿no te vendría muy bien que el articulista del periódico más influyente ganara el primer premio?

No hay nada que se pueda hacer ahora para mejorar el plan empresarial (al menos hoy), ya no se pueden colocar más anuncios y ya no puede recurrir a más personal, a no ser que los necesites; estás inaugurando con tu estrategia inicial y eso debería dar buenos resultados. Sólo por este día intenta relajarte y disfrutar de la experiencia. Cuando sea hora de cerrar, ya habrá tiempo de poner los pies en alto, contar tu recaudación y abrir una botella o dos de champaña.

Celebrar una fiesta de inauguración tiene varios propósitos. Es una recompensa para ti mismo, tu personal y tu familia y amigos por aguantar a un tirano durante los últimos meses. Si el primer día no resulta salir tan bien como habías esperado no es el fin del mundo y no todo se decide esa noche. Olvídalo todo por un momento y disfruta del producto de tu trabajo. Si excedes los objetivos, fantástico, pero no empieces a alterar las previsiones de los próximos tres años todavía.

Una fiesta de inauguración es una manera excelente de que tu negocio aparezca en los medios una vez más, en un momento muy significativo. Al invitar a periodistas y presentadores de los medios se te presenta una buena oportunidad de que te hagan un gran reportaje, sobre todo si andan un poco escasos de noticias interesantes. Para algunos negocios la fiesta de inauguración supone la primera vez que el público, o los proveedores, o los inversores, tienen la oportunidad de entrar en la tienda o en la oficina. Esto completa la idea en muchos sentidos y refuerza la impresión de que has venido para quedarte. Aprovecha la oportunidad de la fiesta también como una forma de promocionar el negocio descaradamente.

Escribe la lista de invitados para la fiesta de inauguración con mucha antelación a la fecha planeada. Una vez que la fecha esté fijada (y no hay nada peor que cambiarla), haz las invitaciones y envíalas. A veces es buena idea que el negocio esté funcionando durante una semana y después dar la fiesta de inauguración a finales de la primera semana para dar un margen de tiempo a posibles retrasos, pero eso depende de cada negocio en concreto.

Con suerte en algún momento lo que empezó como una idea y se convirtió en un plan empresarial puede al final ser una operación con muchísimo éxito. Habrá un momento en el que tú, como dueño del negocio, quieras o necesites avanzar. Hay un buen número de opciones disponibles. Para saber más, consulta la IDEA 50, *El rey ha muerto (¡viva el rey!).*

Otra idea más...

De repente todo se revela como muy real y puede ser un momento de muchos nervios. No pierdas de vista tus objetivos; si tu planificación es sólida, has escogido a las personas más idóneas para cada puesto y todo está saliendo como debe, estás en el buen camino para empezar un negocio de éxito. Buena suerte con todo y disfruta de la aventura.

«El público es increíblemente tolerante. Lo perdona todo excepto la genialidad».
OSCAR WILDE

La frase

¿Cuál es tu duda?

P **Nuestro negocio es muy pequeño y vamos a trabajar en la habitación sobrante de mi casa. No me parece que sea un sitio idóneo para una gran fiesta, pero no me puedo permitir el alquilar un local. ¿Qué puedo hacer?**

R *Hay tantas cadenas de restaurantes, bares y hoteles deseosos de clientela que no te va a resultar difícil encontrar un sitio que no te cobre el alquiler de la sala si les haces suficiente gasto. Algunos locales que he utilizado en el pasado incluso nos colocaron en un reservado y nos regalaron parte de las tapas. Buscad y hallareis. ¡Pero asegúrate de que no es un local de striptease!*

P **Me gustaría imprimir las invitaciones a todo color, pero me parece mucho dinero. ¿Cómo puedo dar buena impresión sin gastarme una fortuna?**

R *Ahora hay excelentes impresoras de color a buen precio. Puedes hacer las invitaciones a color en el ordenador usando software como Photoshop y después imprimirlas en cartulinas. Merece el esfuerzo si puedes encontrar a alguien que las diseñe bien.*

El final

¿O a lo mejor es el principio?

Esperamos que las ideas de este libro te hayan servido de inspiración para probar cosas nuevas. Ya debes haber iniciado el camino hacia tu mayor realización, creatividad e inspiración, rebosante de ideas y ambición. Lo estás intentando, estás motivado y no te importa quién lo sepa.

Así que, ¿qué te parece si nos lo cuentas? Dinos cómo te ha ido. ¿Qué te sirvió, qué te ayudó a vencer el demonio que te impedía cambiar? Quizá tengas algunas recomendaciones de tu propia cosecha que deseas compartir. Y si te ha gustado este libro puede ser que encuentres que tenemos más ideas inteligentes que pueden transformar otras áreas de tu vida a mejor.

Encontrarás al equipo de *Ideas brillantes* esperándote en www.52ideasbrillantes.com. O si lo prefieres, envía un correo electrónico a 52ideasbrillantes@nowtilus.com.

Buena suerte. Y usa la cabeza.

OFERTA Nº1: SÁCALE PARTIDO A TUS IDEAS

Esperamos que hayas disfrutado de este libro. Esperamos que te haya inspirado, divertido, educado y entretenido. Pero no asumimos que eres un novato o que éste sea el primer libro que has comprado sobre el tema. Tienes ideas propias. A lo mejor nuestra autora ha obviado alguna idea que tú has utilizado con éxito. Si es así, por qué no nos la envías a 52ideasbrillantes@nowtilus.com y, si nos gusta, la pondremos en nuestro tablón de anuncios. Mejor aún, quizás incluso obtengas alguna recompensa...

OFERTA Nº2: NO TE PUEDES RESISTIR

Escríbenos si tu empresa (u organización) quiere adquirir alguno de los títulos para uso interno, incluso personalizado o «editado a la medida». Estos libros son eficacísimas herramientas de formación y motivación. Podréis disfrutar de interesantes descuentos en compras al por mayor y magníficos precios para «ediciones personalizadas a la medida».

Envíanos un email a: editorial@nowtilus.com explicándonos tus necesidades.

¿Dónde está?

Más ideas brillantes...

Pierde peso y encuentra tu belleza
Eve Cameron

«Todas las semanas oímos hablar en los medios de comunicación de las últimas dietas que utilizan las estrellas de cine. Ya sea la Atkins, la disociada o la de sopa de col, siempre hay una nueva oferta que te promete que te mantendrás delgado. Pero al mismo tiempo, escuchamos cómo una epidemia de obesidad se extiende por muchos lugares del mundo. Está claro que estas dietas no funcionan».

«Y ese es justo el motivo por el que he escrito este libro. Existen innumerables trucos y técnicas que he aprendido durante años que te ayudan a perder peso y a mantenerte delgado. Perder peso con éxito y de forma permanente requiere tanto de un cambio de estilo de vida como de forma de pensar, y esto es lo que Pierde peso y encuentra tu belleza te ofrece. ¡Disfruta de tu nuevo yo!».

Eve Cameron

Disponibles en librerías, centros comerciales y en www.nowtilus.com

Salud total
Kate Cook

«Los medios de comunicación parecen estar obsesionados con el deterioro de nuestra salud física y mental. Sólo se habla de obesidad, de enfermedades, del consumo compulsivo de alcohol y de la adicción a las drogas. ¿Y cuál es la respuesta habitual?».

«Un complicado programa de desintoxicación, dietas que te obligan a comer legumbres crudas y rutinas de entrenamiento dignas de un corredor de maratón. ¡Ah! y terapias para que tus padres carguen por fin con la culpa de todos tus problemas».

«He aquí un enfoque diferente que yo misma he utilizado y que también he empleado con mis clientes y amigos. También supone hacer ejercicio y seguir un tipo de dieta determinado, pero sobre todo se basa en el sentido común. El objetivo es simplemente que seas una persona más sana y feliz».

Kate Cook

Toma el control de tu vida

Penny Ferguson

«Un día, cuando tenía 49 años, comencé a analizar lo que había sido mi vida hasta ese momento mientras daba un paseo por el bosque. Lo que encontré no fue muy agradable. Mi madre me abandonó cuando tenía cuatro meses y en el colegio los niños se reían de mí y me molestaban. Ya de adulta, me sentía física y mentalmente destrozada a causa no de uno, ni de dos, si no de tres matrimonios desastrosos. Y para colmo de males, no tenía un céntimo. Con la autoestima por los suelos, me sentía una inútil en todos los sentidos».

«Justo en ese momento tomé la decisión de no seguir malgastando el resto de mi vida. Sabía que tenía que cambiar mi vida y para eso tenía que cambiar yo misma. Y lo he conseguido: ahora tengo 61 años, he triunfado, soy feliz y he ayudado a miles de personas a conseguir lo mismo. Toma el control de tu vida te muestra cómo lograrlo. ¡Disfruta de la vida y conviértete en la persona que realmente quieres ser!».

Penny Ferguson

Disponibles en librerías, centros comerciales y en www.nowtilus.com

Pilates total

Steve Shipside

«¿Pilates? Siempre pensé que era lo que hacen las señoras que quedan para comer antes de quedar para comer».

«Lo que sí tenía claro era que el yoga edulcorado no tenía lugar en mi programa riguroso y autodisciplinado de consecución de la forma física perfecta. Pero entonces me aficioné a Pilates cuando mi fisioterapeuta me lo dio a conocer después de lesionarme la espalda. Es el entrenamiento perfecto para la mente y el cuerpo y ahora me encuentro más en forma, más flexible y relajado de lo que nunca imaginé. Simplemente se me ocurrió que podía hacer que funcionara para mí y después desarrollar la idea. Y lo hice. Ahora he diseñado un programa único para ayudar a los demás a sacar mayor partido de sus sesiones de Pilates».

Steve Shipside